人力资源管理与保障服务研究

贺方浩　邱为霞　窦晓飞　主编

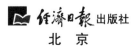

经济日报出版社

北　京

图书在版编目（CIP）数据

人力资源管理与保障服务研究 / 贺方浩，邱为霞，
窦晓飞主编 . -- 北京：经济日报出版社，2024.6.
ISBN 978-7-5196-1490-4

Ⅰ . F243

中国国家版本馆 CIP 数据核字第 2024GT8322 号

人力资源管理与保障服务研究
RENLI ZIYUAN GUANLI YU BAOZHANG FUWU YANJIU

贺方浩　　邱为霞　　窦晓飞　　主编

出　　版：经济日报出版社

地　　址：北京市西城区白纸坊东街 2 号院 6 号楼 710（邮编 100054）

经　　销：全国新华书店

印　　刷：廊坊市海涛印刷有限公司

开　　本：710mm×1000mm　1/16

印　　张：10.75

字　　数：180 千字

版　　次：2024 年 6 月第 1 版

印　　次：2024 年 6 月第 1 次印刷

定　　价：68.00 元

编委会

前　言

　　随着经济的发展和社会的进步，人力资源的重要性日益凸显。人力资源管理研究如何有效配置和利用人力资源，提高劳动生产率，促进经济发展。劳动保障研究如何保障劳动者的权益，提高劳动者的生活质量，促进社会公平与和谐。通过深入研究人力资源管理与劳动保障问题，我们可以更好地了解社会经济发展的规律，制定出更加科学合理的人力资源政策和劳动保障政策，促进社会的可持续发展。同时，这也有助于提高单位的竞争力，实现组织和员工的双赢。

　　本书全面梳理了人力资源管理与保障服务的相关内容，以人力资源管理的基础工作为切入点，由浅入深地阐述了人力资源规划及编制、工作分析的内容及方法、岗位评价与岗位设计，并系统地分析了人力资源管理的实践活动、劳动关系与员工保障等内容，诠释了人力资源社会保障服务工作的实践研究理论，以期为读者理解和践行人力资源管理与保障服务提供帮助。

　　本书结构严谨、内容翔实、结构科学、论述清晰、客观实用、理论与实践相结合，具有时代性、实用性等特点，有助于实务工作者进一步思考和探讨相关知识在日常工作中的应用。

　　本书的编写得到了众多专家学者的帮助和指导，在此表示诚挚的谢意。由于笔者水平有限，加之时间仓促，书中难免有疏漏与不够严谨之处，敬请同行专家、广大读者多提宝贵意见，以待进一步修改，使之更加完善。

编者

2024年3月

目 录

第一章　人力资源管理的基础工作

在当今竞争激烈的市场环境中，人力资源是单位最重要的资源。本章探讨人力资源管理概述、人力资源规划及编制、工作分析的内容及方法、岗位评价与岗位设计等方面的内容，帮助单位发掘人才的最大价值。

第一节　人力资源管理概述

一、何谓人力资源

"人力资源"一词，英文名称为"Human Resources"，指在一个国家或地区中，处于劳动年龄、未到劳动年龄和超过劳动年龄但具有劳动能力的人口之和，也称"人类资源"或"劳动力资源""劳动资源"。随着社会的发展，人力资源发挥的作用越来越大。因此，人力资源被认为是生产活动中最活跃的因素，是所有资源中最重要的，被经济学家称为"第一资源"。[①]

（一）人力资源的构成

人力资源这种劳动能力构成了其能够从事社会生产和经营活动的要素条件，它包括数量和质量两个方面。

---

① 张永华，苏静. 人力资源管理 [M]. 西安：西北工业大学出版社，2017：2.

1.人力资源数量

人力资源数量是从当前的量上对其进行定义，它表示的是某一个国家或地区当前全部可以从事劳动能力的人口数量，这一资源通常会从就业率、失业率等方面进行体现。在对其数值进行统计的过程中，各个国家使用的统计标准各不相同，有的使用适龄标准，有的使用年龄标准。但需要强调的是：有一些适龄劳动，但由于自身原因无法进行劳动的人口，同样存在于劳动适龄人口中；而在劳动年龄人口中也有一些已经从事社会劳动的人群。因此，对实际劳动人口数量进行确定时，需要将适龄问题与年龄问题进行综合考量，并对当前的数据结果进行修正。

依照上文描述可知，某一个国家或地区当前拥有的人力资源数量，主要由以下八个方面组成。

第一，已经达到可以从事劳动的年龄，并且正在社会中从事劳动的个体，这些群体组建起来的人力资源数量，就是我们常说的"适龄就业人口"。

第二，没有达到法律规定的劳动年龄，但实际上已经在从事劳动的个体，我们通常将这一类型的个体称为"未成年劳动者"。

第三，已超过法定劳动年龄，但依旧在社会上从事劳动的人口，也就是我们常说的"老年劳动者"。

第四，具有一定的劳动力，已经符合劳动适龄且正在社会中寻求劳动机会的人口，这类人口即为"求业人口"，在与上述三种人群进行结合之后，统称为"经济活动人口"。

第五，已经达到可以从事劳动的年龄，但是依旧在学习专业知识与技能的个体称为"就学人口"。

第六，已经达到可以从事劳动的年龄，但是正在进行家务劳动的个体。

第七，已经达到可以从事劳动的年龄，但是正在服兵役的人群。

第八，超出法定劳动年龄的个体。

2.人力资源质量

人力资源质量是对其质的规范与确定，一般通过当前人力资源群体的整体素质进行体现，即当前人力资源群体的整体智力、体质、专业能力、文化素养、技能水平以及劳动态度等。对人力资源质量产生影响的因素一般有三个，即先天原因或基因问题、个人营养不足、受教育水平。在对人力资源丰富程度进行表达与衡量时，一方面可以通过数量对其进行表达，另一方面可以通过质量对其进行描述。人力资源拥有的数量只是对物质资源进行控制的群体数量做了说明，而质量的表达则涉及能力问题。在社会不断发展与进步的过程中，科学技术的出现与使用，对人力资源在质量方面提出的要求越来越高。因此在对其质量问题进行分析时，还可从其内部替代性上进行表述。

通常而言，在对人力资源进行表述时，质量在其中呈现出来的替代性更为显著，数量的多少并不能对其质量起到替代作用。在对人力资源进行开发时，主要目的是帮助其在人力资源管理方面的质量得到提升，以利于社会获得更好的发展。在某段时间内，各个国家与地区呈现出来的人力资源不会发生太大变化。

（二）人力资源的特征

人力资源能够维持当前社会生产的正常运转，是帮助社会生产得以发展与进步的主要资源，其所呈现出来的特征有以下六个方面。

1.能动性

能动性主要表现在以下几个方面。①自我强化：借助自我学习或接受教育的方式，帮助自己的素质与能力得到提升。②选择职业：能够依照个人的能力与兴趣爱好，选择适合自己的工作。③积极劳动：在实际工作与参与社会劳动中，个人的敬业精神等品质会被激发，并愿意将自己的智慧与劳动力贡献给当前的岗位；能够借助对周边资源的使用，在当前工作岗位上进行创新。

2.再生性

人力资源是可再生资源，通过人口总体内各个个体的不断替换更新和劳动力的"消耗—生产—再消耗—再生产"的过程实现其再生。人力资源的再生性除受生物规律支配外，还受人类自身意识、意志的支配，人类文明发展活动的影响，新技术革命的制约。

3.两重性

两重性指的是人力资源具备生产性与消费性。在对人力资源进行投资的过程中，其在教育、卫生健康、迁移方面的整体投资力度直接决定了当前社会中人力资源的质量水平。人拥有的知识主要来自后天接受的教育，为帮助个体获得一定的知识与生存本领，教育活动的开展是必需的。而在教育过程中投入的时间、精力等均属于人力资源投资的一种。此外，迁移及卫生健康同样属于直接投资行为。但在进行知识学习的过程中，个人会失去部分参与社会就业的机会，这一过程中造成的损失属于间接成本。在对人力资源进行投资时，其行为当属消费行为的一种，并且这种消费行为是必须存在与进行的。若不对其进行投资，则无法帮助个体在后期获得更高的收益。不仅如此，如同其他类型的资本特性一致，在投入的过程中，人力资源也会得到相应的回报，并且这一回报带来的价值更高。有关研究表明：在进行人力资源投资的过程中，社会与个人都能从中受益，并且获得的收益要远高于投资成本。

4.时效性

时效性主要表现为在对人力资源进行开发、使用与制造时，会受到一定的时间限制，并且对于各个阶段的人群来说，在进行劳动生产时，各自呈现出来的能力也是不一样的。随着社会的发展与年龄的增加，人们的知识会逐渐落后，在劳动生产方面的能力也会下降。

5.社会性

社会性是指在社会交往中，个体的生长环境、教育环境及文化程度、人际关系等都会对个人的价值观念带来影响，在与他人交往中难免会发生摩擦与矛盾。而这种特征被称为"社会性特征"，在人力资源管理中，需要对上述差异进行包容与调节，促进团队之间的友好协作，提高团队合作精神。

6.连续性

人力资源开发的连续性（持续性）是指，人力资源是可以不断开发的资源，不仅人力资源的使用过程是开发的过程，培训、积累、创造过程也是开发的过程。

二、人力资源管理的内涵及特征

人力资源管理是为了更好地实现组织目标，进行的以人为核心的选拔、使用、培养、激励等活动，通常分为人力资源开发和人力资源管理两个方面。在具体工作内容上主要包括：人力资源规划、职位分析、绩效管理、薪酬管理、员工招聘、员工培训、劳动关系、员工心理援助等。

与物质性资源管理不同，人力资源管理具有以下四个方面的特征。

第一，人力资源管理具有明显的综合性。信息管理、财务管理往往涉及的是本学科体系的知识，而人力资源管理涉及经济学、社会学、心理学、人才学、管理学等多种学科，并且需要借助这些学科的基本理论和相关成果来发展自身的学科理论。

第二，人力资源管理具有复杂性。人力资源管理活动是人与人之间的交互活动。管理对象的主观能动性，以及人与人之间情感、利益关系的复杂性，使得人力资源管理呈现出复杂性的特征。在人力资源管理活动中，管理者不是简单地站在组织一方的角度思考问题，而是需要站在管理对象的角度思考问题，注意听取管理对象的意见，强化与管理对象的互动，因此不能用简单的方法处理人力资源管理问题。

第三，人力资源管理具有文化性。不同的文化追求会导致人力资源管理方式方法的差异。无论是宏观角度还是微观角度的人力资源管理，都具有特定的文化取向和人才观念。例如，一些单位特别强调组织的和谐氛围，一些单位特别强调人的能力素质作用，也有一些单位特别注重分配的公平性，还有一些单位特别注重分配的激励性，这些不同价值观的背后是这个组织文化特征的差异。因而不同文化特征的组织在人力资源管理理念、制度构建和操作上会表现出一定的差异性。

第四，人力资源管理具有发展性。从传统的人事管理发展到以战略为核心的现代人力资源管理，管理人的理念和方法在不断变革，人在劳动中的地位越来越得到肯定，有效管理人，充分发挥人的积极性的方式方法也在不断变化发展。例如，就如何评价人而言，传统的方法是"目测""口试"，随着人才测评技术的不断发展，逐步发展出了人才测评的新方法、新技术。因而需要人力资源管理从业人员不断学习，以提升自己的专业技能水平。

三、人力资源管理的目标及原则

（一）人力资源管理的目标

人力资源管理的价值定位，是获取与开发组织管理工作需要的各种类型、各个层次的人才，建立单位与人员之间的良好合作关系，在人力资源供给上满足社会经济发展对单位提出的要求，实现组织管理和发展的目标。同时，满足人员个人健康成长和发展的需求。

1.人力资源管理的总体目标

就单位而言，人力资源管理的总体目标是达成"人"与"事"以及"人"与"人"的和谐，这种和谐会带来生产效率的提高，并最终促进组织目标的实现。具体而言，就是最大限度地开发与管理组织内外的人力资源，促进组织的持续性发展；提高单位生产力，取得最优的投入—产出效率；提高单位管理工作需要的各种类型、各个层次、训练有素的人才；建立单位与职员之间的良好合作关系；在人力资源上满足社会经济发展对单位提出的要求，实现单位组织、管理和发展的目标；保证组织对人力资源的需求得到最大限度满足、保证和提高每个员工的工作生活质量，以满足个人健康成长和发展的要求。

与此同时，人力资源管理还包括维护与激励组织内部的各种人力资源，使其潜能得到最大限度的发挥、使其人力资本得到有效的提升与扩充；处理好单位内部员工与管理者之间的关系，使个人目标与组织目标协调一致；保证组织的行为不违背相关法律法规，给予员工平等就业和发展的机会，创造安全和谐的工作环境，积极为劳动者利益服务等内容。

2.不同层次人员的人力资源管理目标

人力资源管理目标可分为战略、经营、员工三个层次，包括树立单位可持续发展的生命力，以达成组织的使命和愿景；推动单位中短期业务目标的实现；实现人力资源的职业生涯健康发展。人力资源管理的三个层次目标，分别对应三个层次的人力资源管理人员，由于他们在单位中承担的任务和对人力资源管理的目标实现所起的作用不同，因此其从事的人力资源管理工作的职责也有所不同。

对于高级人力资源主管来说，其主要任务是根据单位目标，制定人力资源管理战略规划，并推动该战略规划的贯彻执行。因此，高级人力资源主管的职责主要是配合单位总体战略，制定人力资源战略规划和发展目标；协调中级人力资源主管工作，为单位的存在与发展提供人力资源上的管理保证。

中级人力资源主管的主要任务是连接高级人力资源主管和初级人力资源管理人员的工作，其职责是把高级人力资源主管制定的人力资源战略规划转变为切实可行的人力资源管理方案，如人事制度，同时协调初级人力资源管理人员的业务活动。

初级人力资源管理人员主要负责人力资源方案的实施，即把中级人力资源主管制定的人力资源管理方案细化为具体的计划和实施细则，如人力资源管理操作文件，并认真贯彻执行。

（二）人力资源管理的原则

在现代人力资源管理理念的指导下，人们经过长期的管理实践，逐步总结出了人力资源管理的基本规律和运行规则，具体有以下几个方面。

1.遵循战略管理原则

人力资源管理是实现组织战略目标，提升组织战略发展能力的重要途径和手段。只有形成组织人力资源管理的战略定位，建立以能力为本的组织人力资源发展战略框架，人力资源管理任务才能确定，影响组织人力资源发展的问题才能明确，各个管理环节才能有序展开。

当代战略性人力资源管理，要求将人力资源的战略规划与制定放在整个管理过程的优先位置，将人力资源战略与单位发展战略和愿景有机整合起来；要求管理者把握环境状况、认识发展趋势、认识机遇与威胁、分析自身的优势与劣势、了解内外部客户的需求、理解组织文化和组织成员的期望，为单位创造良好的工作环境和人才发展环境。在此基础上，实现人力资源能力和绩效的全面提高。

2.遵循德才兼备原则

德的素质包括个体和群体的思想品德、伦理道德、个性品德三个基本方面；才的素质包括智力、知识、专业和综合能力等。德，才之帅也；才，德之资也。德与才是人力资源素质的基本内容。德才兼备原则是指在人力资源管理过程中，把组织中个体乃至群体人员品德方面的素质与才能方面的素质有机统一起来，作为育才、选才、用才的决定性内涵和标准，使人力资源的德才素质不断优化，发挥出相应的作用。

德才兼备，意味着在人力资源使用和开发的过程中，人员的德、才条件是不可或缺、不可偏废的。德保证人员活动的方向，指导着才能的发挥。有才无德的人，缺乏良好的思想品德和伦理道德，往往会利用职权谋取个人利益，损害国家与政府的形象；才是德的重要表现形式，没有才，难以在为公众服务的行政管理活动中有所作为。

3.遵循开发与使用并重原则

开发与使用并重原则是指在人事管理活动及其资源配置上，根据社会经济及管理的需要，将人力资源的现实使用和不断开发联系在一起，人力资源的开发是为了人力资源的使用，而人力资源的使用又为人力资源的开发指明了方向。开发与使用，二者相互补充、相辅相成。

正是由于人力资源管理中开发与使用并重的观念，使现代人力资源管理区别于传统的人事行政管理。管理者应该认识到，只注重人力资源的现实使用而忽视其发展，不仅违反人力资源作为一种资本形态的价值理念，而且会使组织缺乏可持续发展的能力。因此，管理者必须高度重视人才使用和开发的双效增值作用，做到在积极开发中科学使用，在科学使用中积极开发。

4.遵循弹性管理原则

弹性管理原则是指人力资源开发与管理机构在设计人力资源的职业生涯规划时，应充分考虑各开发部门与管理阶段、环节间的弹性。因为缺乏弹性和灵活性会影响人力资源在最佳的职业期充分发挥其潜能，但过于弹性会使人力资源在职业生涯中失去最佳发展机遇。

弹性管理原则的主要内容包括：劳动强度要有弹性，不要做力所不能及的事情；脑力工作要适度有弹性，以保持旺盛的精力；劳动时间和工作定额要适度有弹性，并按照国家规定执行；中短期目标要适度有弹性，使全体员工经过努力能够达到目标，这样可以提升员工对前途的信心。同时，人力资源的弹性管理原则坚决反对无所作为、消极怠工、怕苦怕累、自怜自爱，甚至是贪图安逸的消极弹性，坚持在充分发挥和调动人力资源的能力、动力和潜力的基础上，松紧合理、张弛有度，使人们能够更有效、更健康、更有力地开展工作。

5.遵循竞争激励原则

竞争是普遍规律，优胜劣汰、适者生存是自然法则。竞争是手段，激励是目的，以竞争促激励是现代管理中的一条重要法则。人力资源管理中的竞争激励原则是通过各种有组织的非对抗性的良性竞争，培养和激发人们的进取心、毅力和创新精神，使他们全面施展自己的智慧和才能，达到服务组织、服务社会和促进经济社会发展的目的。

竞争激励原则的基本内容包括：通过组织与其他类似组织的竞争，发现能主持全局工作的战略性人才；通过组织系统内部管理人才的竞争，发现和选拔各个层次的优秀管理人才；通过组织系统内部各类专业人才的竞争，发现和培养技术人才；通过组织开发新产品、新服务的过程，发现创造性和开拓性人才。

四、人力资源管理的任务分析

具体来说，人力资源管理的任务主要包括以下几个方面。

（一）环境建设

人力资源管理的环境与秩序是人力资源健康成长和合理使用的基础。只有建立这一基础，有关人力资源的各种相关管理措施才能有效发挥作用。人力资源管理的环境主要包括以下几个方面。

第一，人力资源管理的基本原则。人力资源管理的基本原则是指在整个人力资源管理的各项活动中，管理部门依据什么样的原则和思想来指导管理活动，依据什么标准和途径来选拔、任用和晋升人员，它决定了人力资源的来源和发展方式。现代人力资源管理需要确立法治化的管理规则和行为准则，提供一种理性、客观、公正的人力资源管理环境。

第二，人力资源管理的体制。科学、合法的人力资源管理体制是强化组织能力、创造竞争优势的基石，它通过人事管理权的合理划分，明确了人力资源管理部门法定的职责、权限，保证了人力资源管理职能的有效实现。

第三，人力资源管理的具体机制。人力资源管理的具体机制将现代人力资源管理的理念贯穿于具体的管理措施与管理方法中，它设计了与组织发展相配套的人力资源发展路径及所需的相关任职资格，提供了人力资源积极进取的保障体系和活动机制。

（二）选人

选人保证了将一定数量和质量的人才吸收并配置到单位中，以满足部门发展的需要。选人的程序是：在详细了解了各部门内部的人力资源管理运作情况后，按总体的人力资源管理方针、政策，制定出适合单位未来发展的员工招聘政策、规定及程序，以此作为招聘的依据，并监督执行，保证人员招聘的公开、公平和公正。一方面，它要求实行公开考试、公平竞争、择优录取的人才选拔方式，扩展人才来源的社会基础，保证单位能从社会中广泛地获取优秀人才；另一方面，它要求在单位内部开辟业绩考核、晋升唯功的人才发展路线，对内部涌现的优秀人员要委以重任，使单位获得宝贵的人才队伍。

（三）用人

用人的关键在于形成"以人为本"的管理思想，需要结合每个人力资源的具体职业发展目标，搞好对人力资源的选拔、任用、考核和奖惩工作，从而起到发现人才、合理使用人才和充分发挥人才能力的作用。对已经选用的人员，相关部门要真正尊重、关心、信任、大胆使用，最大限度地发挥其潜能，做到事得其人、人尽其才。

1.职业生涯规划

对于新人，人力资源管理者的一个重要课题是为其制定职业生涯规划。在试用期满后，对新人进行考核评价并就个人职业生涯发展计划进行正式交流。在充分了解人员能力及各种需求的基础上，结合单位的发展状况，协助员工对其职业生涯进行合理的规划，以使其尽心尽力地为实现发展目标而努力。同时，让员工对自身的能力、志向、兴趣、特长等有一个更清楚的认识，通过设置不同发展目标增强员工的工作成就感，并注重提升员工的职业价值感。

2.内部提升

大部分单位对单位内的职位空缺都采用内部提升的政策，这对于单位形成强大的凝聚力和激励员工起到了不可低估的作用，为一些贡献大、表现优秀的员工提供更大的施展才能的舞台，有利于实现双赢。

3.考核考评

单位应该做好职务分析及人力评估工作，为绩效考核打下基础。同时制定合理的考核制度和流程，让广大员工了解部门的考核方式及内容，引导员工行为，促使其努力学习，不断提高工作绩效，顺利实现员工个人及单位的目标。考核应做到公平、公正、公开，考核的内容要全面，既要"德、能、勤、绩、体"立体考核，又要兼顾本部门的实际，突出主次轻重。考核结果可以公布，员工也可以对考核结果提出异议。当然，考核标准最好是可以量化的，这样才能让人心服口服。

4.奖惩制度

有考核而没有奖惩制度是功效不大的，建立科学合理的多层次奖惩制度势在必行。单位应根据部门的发展实际，将考核结果与工资、福利、晋升挂钩，逐步将奖惩制度化、规范化与程序化。

（四）育人

单位在使用人力资源的同时，需要通过建立健全人员教育培训体系，借助个人开发、职业生涯开发、政府部门开发等途径，进一步开发人力资源的潜力，使其在适应社会需要的同时，也能实现人力资源自身的职业生涯规划。育才的关键是形成"管理即教育"的管理哲学。育人的主要内容是：通过各种方式和途径，有计划地加强对现有员工的培训，不断提高他们的文化知识和技术业务水平；根据单位发展的总体目标制定合理可行的培训制度，做好培训需求调查、培训计划、培训组织、监督实施及培训交流等工作；着眼于有计划地提高员工的专业技能及综合素质，逐步培训出一大批复合型人才，为保持单位持续的生命力提供充足的人力支持。

（五）留人

留人的关键在于合理地满足人力资源的需要。留人需要采取各种措施（包括思想教育），合理安排员工工作，关心员工的生活和物质利益等，以激发员工的工作积极性。在单位中，必须做好工资、福利、安全与健康等工作，协调好人力资源与组织的相互关系，留住人才，具体包括以下内容。

第一，既来之，则安之。对招聘来的人才，要想办法安抚他们，让其产生归属感、创业激情和敬业精神。

第二，加强沟通。管理的一大误区就是忽视员工之间的沟通。人力资源管理者应为员工创造足够的沟通机会，并且具备对员工人际关系的洞察力和预见力，发现僵局要及时调整，避免员工关系恶化，造成不必要的人员流失。

第三，福利措施。福利仍是现阶段单位最主要的留人措施。广义的福利措施包括文化娱乐、图书报刊、医疗保健、保险、公积金、公用电话、邮政代办、班车服务、无息借款、年终奖金、春节车资、旅游计划、住房计划、人力资源持股等，管理人员可以依据单位的不同情况和实际来运用。

第四，情感留人。健康的竞争机制和用人机制都是有效的辅助手段。并非人人都只追求薪酬，和谐的环境、融洽的人际关系、舒心的工作、自我满足感和价值的体现都可以让员工抵挡外界的诱惑。

第二节　人力资源规划及编制

"人力资源规划是人力资源战略的重要组成部分，是人力资源管理过程各项具体业务活动的起点。"[①]组织的任务需要通过相应的人来完成，人力资源规划就是一个将组织目标分解成对特定人力的需求、通过具体政策制度的实施、确保组织人事相宜、完成战略目标的过程。

一、人力资源规划的基本内容

人力资源规划包括两个层次的内容：总体规划和各项业务规划。人力资源总体规划是对人力资源管理和开发的总目标、总政策、实施步骤及总预算的安排；人力资源各项业务规划是对总体规划的展开和细化。

（一）总体规划

人力资源总体规划是以单位的战略目标和未来发展趋势为依据，围绕组织人力资源开发与管理的总目标展开设计，并提出人力资源政策的实施方针、步骤、时间安排、经费预算等若干思路。人力资源总体规划强调以下方面：内容上，数量规划与质量规划的统一；规划结构上，外部和内部的统一。外部统一意味着总体规划与组织战略的一致性，而内部统一是指总体规划与各项业务规划及各项业务规划之间的配合协调。

---

① 唐志红.公共部门人力资源管理 [M].成都：西南交通大学出版社，2017：64.

（二）业务规划

业务规划是在总体规划确立的原则下关于各项具体人力资源管理业务活动的方案安排，是人力资源战略和人力资源总体规划得以实现的保证。从内容上来看，人力资源业务规划包括以下几个方面。

一是员工的补充计划。员工的补充计划主要涉及员工的类型、数量、结构和效果设计，包括对员工的来源、任职资格、福利待遇及招募、甄选、调任、轮换等，以及相应费用预算的计划。

二是员工的使用计划。员工的使用计划主要涉及各部门的定编、定岗和定员方案，包括部门职务分类与设置标准、绩效管理目标、交流调配制度、任职资格考核、聘任与解聘制度及相应的时间、资金安排等。

三是员工的培训开发计划。员工的培训开发计划一般围绕提高员工的思想素养、业务素质、爱岗敬业、增强组织凝聚力、提高员工满意度等目标展开，主要涉及员工培训目标、政策、教育办法、时间安排、经费预算的安排等。

四是绩效评估与激励计划。绩效评估与激励计划的目标主要在于稳定队伍、强化责任感、改善组织内部关系、发挥员工的创造性和达到组织目标。在具体实施过程中，主要涉及绩效管理体系的设置、激励和薪酬政策的制定，分步实施的时间安排，各项费用的预算等。

值得注意的是，为了保证各项计划的顺利实施，除了上述各项内容外，人力资源规划还应明确执行、监督规划的责任部门和人员及相应的权利义务。从时间上来讲，人力资源规划要有相对的稳定性，但这并不意味着人力资源的各项规划是静止的，它必须是柔性的，随着组织结构内部、外部环境的变化，人力资源规划必须做出相应的调整，并在变化中不断发展和完善。

二、人力资源供求预测

人力资源供求预测包括人力资源需求预测和人力资源供给预测两个方面的内容。人力资源需求预测是指在组织不断发展的前提下对未来组织所需各类人员的数量、结构的预测；而人力资源供给预测是对组织内部和外部人员来源及变动情况所做的分析。人力资源供求预测是人力资源规划的基础性工作之一，其准确程度直接决定规划的效果。

人力资源供求预测是一项技术性很强的工作，可供选择的方法很多，同时对预测人员的专业性要求也比较高。

（一）人力资源需求预测

人力资源需求预测首先从全面分析影响人力资源需求变动的各项内、外部因素入手。影响人员需求的内部因素包括组织结构的变革、组织目标、组织效率、业务内容、管理水平等，其中任何因素的变更都可能直接导致未来人员的需求变化；如果受到市场因素的影响较小，那么国家宏观政策的调整和变更将成为影响人员需求的外部因素中最重要的部分，当国家宏观政策发生变化时，会直接导致单位的机构和人员调整，从而影响组织的人员需求。此外，管理现代化程度、财政预算、劳动力成本的增减、其他组织的发展状况和就业情况也是影响人力资源需求的重要因素。

人力资源需求预测主要包括定性和定量两类方法，目前国内外主要采用的方法有以下几种。

1.德尔菲法

德尔菲法是以匿名方式，通过多轮函询专家意见，并做出不断的收集与量化，最终得出较为一致的专家预测意见的一种经验判断法。运用德尔菲法进行人力资源需求预测时，一般要有多轮的反复过程，从准备到整理出最终的预测结果和写出预测报告，大致要经历以下四个基本步骤。

第一步，预测准备。确定预测主题，并以简明扼要的问题编成问卷，而后选定专家级成员。德尔菲法中的专家选择是非常重要的，专家的来源既可以是组织内部，也可以从外部邀请，但需要对组织人力资源状况及其影响因素有足够的了解或充分掌握相关领域的知识。专家的人数可以从十几人到数百人不等，由预测的主题和要求的精确度而定，如果涉及内容广、要求精度高的预测主题，那么人数可多一些；反之可少一些。

第二步，施行预测。准备工作就绪之后，进入多轮函询过程，这一过程通常会包括三轮到四轮的反复。首先，向专家提出所需预测的主题和具体项目，并提供必要的背景资料，由专家在背靠背的情况下独立完成问卷；其次，由组织者对专家的各种回答进行综合分析、整理，剔除次要的、分散的结论，并制定第二轮的函询表，同时补充材料、组织要求等再寄回给专家，请他们对预测进行修改和补充。

第三步，结果处理。经过对预测主题的多轮补充、修正和汇总后，若结果较为一致，则由组织者再做统计整理及意见归纳，形成最终的预测结论。在结果处理时，一是要注意合理地运用数理统计的方法处理专家的分散意见；二是最后的预测结论可忠于专家意见，也可高于专家意见，从其意见中升华出真正的预测值。

第四步，制定预测报告。当有了切合实际的预测答案时，就要制作预测报告，介绍预测活动的组织、资料整理、预测结论及决策建议，为下一步人力资源规划的制定打下基础。

德尔菲法的优点在于操作方便，既集思广益又经济合理，专家独立思考，结论客观，特别是在历史资料不全或不完备、预测主题受政策、方针、主观能动性影响较大时，德尔菲法比其他预测方法具有更大的优势，因此在人力资源预测中普遍使用。

德尔菲法的缺点在于花费时间较长，而且专家之间缺少思想交锋和商讨，难免会带有一定的主观性，另外，少数人的意见往往会被忽略。因此，在使用德尔菲法的过程中，可以根据具体情况加以改进，通过提供更充足的背景资料，减少应答轮数或增加思想交锋等方式来避免预测中可能存在的问题。

2.比率分析法

比率分析法是指通过单位中各类人员的数量与其服务对象之间的比率来确定未来人力资源需求数量的方法，这是一种短期有效的预测技术。例如，通过医院护士与病床数之间的比率进行预测，病床数每增加一定比例，就可以推断医院未来所需的护士人数，这实际上是将单位的业务量转化为人力需求的过程。

需要指出的是，运用比率分析法对人力资源进行预测时，一是要根据单位的组织类型确定合理的比例；二是要正确运用预测的结果，由于此方法是在假定部门服务质量和服务数量不变的前提下进行的，因此如果考虑组织效率的变化、质量的提高，就要与其他方法共同使用才会得到准确的预测结果；三是比率分析法只适用于人员需求总量的分析，并不能反映不同类别员工的数量和结构需求的差异。

3.趋势预测法

趋势预测法是根据组织中与人力资源数量和结构变化关系最为密切的因素，分析人力资源需求状况同这一因素间的变化趋势，绘制趋势曲线，修正后对未来的人力资源需求量做出判断的方法。

趋势预测法一般从以下几个环节入手。一是选择恰当的组织因素。选择的组织因素首先必须与组织的基本特征直接相关，由此才有可能根据这一因素来制订组织计划；所选因素的变化必须与单位所需人力资源数量的变化成比例。二是确定历史上组织因素与人员之间的数量关系及相关系数。三是根据过去工作效率及未来期望对组织因素与员工数量之间的系数关系进行调整，并根据未来的组织因素，确定未来所需的员工数量。

趋势预测法只是一种初步的预测方法，其原因有三个方面：第一，影响组织员工需求数量的因素很多，而趋势预测只能选择其中之一，因此有失偏颇的可能性很大；第二，趋势预测时运用的是组织因素与员工数量之间的历史数据，而未来两者之间的关系可能是变化的；第三，未来的组织因素是一个估计数，或者说是不确定的，因此在变量值均不完全明确的情况下，对未来员工人数的推断很可能存在较大的偏差。

（二）人力资源供给预测

人力资源供给预测包括两个方面的内容：一是内部员工拥有量预测，即根据现有人力资源及未来变动情况，预测规划期内各类组织人员的数量；二是人力资源的外部供给量预测，即考虑规划期内可以从组织外部获得的各类人员的数量。

在这里我们讨论的供给预测是指组织内部的人力资源供给预测，进行内部供给预测时首先要考察现有各岗位人员的存量，其次要根据各种影响员工变动的因素对未来各岗位的员工量进行预测。

1.管理者继任计划

管理者继任计划就是把人力资源规划与组织的战略目标有机结合，从而对未来各岗位管理人员进行预测的方法。这种方法为国内各类组织广泛接受，特别是在单位，对于未来管理者、领导者和专业技术人员进行预测时得以普遍运用。管理者继任计划也常用于单位后备干部档案的建立、选拔和评价，是单位建立人才储备的一个重要工具和途径。

管理者继任计划根据现在对各管理岗位的素质、技能和绩效要求，以及当前任职者的工作绩效、晋升或调整的可能性为基础建立。管理者继任计划的主要实施步骤包括以下几个方面：一是拟定单位每一层级管理人员职位的工作范围，确定继任计划，包括现在岗位的任职人员，任职期限、职责、技能等；二是确定每个职位上的继任人选，一般情况下继任者从下一层级现职管理人员中物色，根据组织结构的大小、管理幅度的差异，候选人的数量可以不等，从而实现干部储备；三是对现职人员继任者的素质、技能、绩效、发展潜力进行评估，同时排列出候选人的候选顺序；四是当管理职位出现空缺时，按候选人的前后次序确定继任人选。

管理者继任计划是一种适用性非常强的人力资源供给预测方法，它既可以明确表现出组织内部管理人员的基本情况，又可以体现出组织对管理人员职业生涯发展的关注，当出现人员不能适应现职或缺乏后备人才的情况时，组织可以提前做好充分的准备，从外部获取。

2.组织人力资源接续计划

组织人力资源接续计划是对人员供给从水平层面上进行预测的方法，既可以用于管理岗位，也可以用于一般干部岗位。组织人力资源接续计划的关键是根据工作分析中的工作说明书提供的信息，明确各工作岗位对员工的知识、技能和能力的具体要求，并以员工目前的绩效水平作为依据，显示出组织中潜在的职位空缺和可能出现的替换。潜在的空缺有三种情况：第一种，现任员工非常优秀，将会被提升到更高的岗位；第二种，现任员工绩效低下，可能被调离现任岗位甚至解聘；第三种，由于退休、离职等其他原因，现任员工会离开该岗位。在对组织员工进行全面评价的基础上，结合空出的岗位确定达到这一要求的候选员工或者确定哪位员工有潜力，通过培训后可以胜任这一岗位。

通过组织人力资源接续计划，管理人员可以清楚地看到组织内各岗位的空缺及员工候补的情况，为组织人力资源供给预测提供依据。

3.马尔克夫转换矩阵法

马尔克夫转换矩阵法的假定前提是组织内部员工的流动模式与流动概率存在一定的规律，而且这种规律会在一定时期内得以保持。其基本思想就是找出过去人员变动的规律，并由此预测未来人员变动的趋势。该方法首先要建立员工流动可能性矩阵图；其次要根据预测年份前一年的各类人员和前几年各类人员的流动概率，计算出预测期各类人员的内部供给数。

（三）人力资源供求综合平衡

人力资源规划的重要任务之一就是根据供求预测的情况，对组织人力资源进行调整，实现任职者的供求平衡。在现实生活中，组织人员供求平衡是偶然的，更多时候组织的人力资源供求状况处于失衡状态：供过于求、供不应求或两者之间结构失衡。为此，单位需要编制相应的调整方案。

当人员供过于求时，可采取的方案包括解聘、降级录用、工作轮换与工作分享、再培训等；而当人员供不应求时，可通过加班、临时雇用或外包、再培训轮岗、减少流动数量、技术创新及人员租赁等措施予以调整。

三、人力资源规划的制定和实施

人力资源规划的制定和实施经历准备、实施和反馈等若干环节，一般来说，要经过以下几个步骤。

第一，收集资料，分析现状。信息资料是制定人力资源规划的依据，收集资料是制定人力资源规划的首要工作。与组织人力资源规划相关的信息主要有以下方面：组织内部信息，包括组织战略的修订与变化、员工的基本状况、各岗位的具体要求、不同时期员工的变动情况等；组织外部信息，包括相关经济环境的改变、人力资源供求状况、成本的变化等。

第二，预测组织人力资源的供求，并进行差异分析。在充分收集和研究现有资料的基础上，采用定性和定量的方法，对规划期内组织的人力资源供求状况进行预测，确定人员的余缺情况，为人力资源规划的制定打下基础。

第三，确定人力资源规划目标及总体规划。人力资源规划的目标随组织战略和人力资源发展战略而定，并配合战略目标的实现。在对组织内部、外部环境及人力资源供求状况充分了解的前提下，结合组织条件制定具体可行的目标和行动方案，其目的在于为组织人力资源的开发管理提供依据和基本原则。

第四，制定实施具体的人力资源业务规划。人力资源业务规划应是详细周全而又切实可行的具体方案，主要包括以下几个方面。①工作分析。工作分析为组织提供人力资源管理的基础信息，是进行员工选拔、任用、培训开发、绩效激励及晋升发展的依据。②职业分析。结合组织发展与个人期望，鼓励员工积极参与工作，提高员工的成就感。③招募计划。科学的招募计划能够为组织选择最合适的员工，并做到人事相宜。④培训计划。现代公共管理要求员工不断更新自己的知识、提高自身的技能，一个切实可行的培训计划对于提高员工的整体素质和组织的竞争力、创新力是必不可少的。⑤考核计划。对员工的工作表现给予公平、公正、公开的评价，不仅是组织人事管理工作中薪酬、晋升和奖惩的需要，也是员工自我价值实现的需要。⑥异动计划。通过升迁、调遣、岗位轮换等实现员工的合理流动，是实现组织人事相宜，保持员工活力的重要保证。⑦薪酬福利计划。合理的薪酬福利计划是组织队伍稳定、工作高效的基础，对于员工而言，也是保证其廉洁奉公的重要途径。⑧配套的规章制度及纪律建设。完善的规章制度和严明的组织纪律是确保人力资源管理各项规划和计划得以有效实施的重要保障，它们为组织提供了明确的行为准则和管理依据，有助于维护良好的工作秩序和员工行为，进而促进组织的稳定和高效运作。

第五，人力资源规划的实施。人力资源规划的实施是人力资源规划的实际操作过程，要注意协调好各部门、各环节之间的关系，确保各项规划都能落实。

第六，人力资源规划的审计与修正。人力资源规划的审计与修正是人力资源规划的最后阶段，也是最容易被忽略的工作。这一环节的工作对于保证人力资源规划具有可行性和持续性，能够真正符合组织需求，对促进组织战略的实现具有重要的意义：一方面，通过审计工作，可以防止规划的实施流于形式；另一方面，审计评估可以广泛收集员工对规划实施产生的意见和建议，促进规划的不断完善。由于人力资源规划是一个持续的动态过程，因此审计工作的重点在于根据组织内外各项因素的变化，检查整个规划过程，并将结果回馈给人力资源管理部门，以便及时修正。一套完整的审计体系从结构上来看应当包括可行的评估标准、科学的评估方法、偏差的修正方式、顺畅的沟通渠道；从内容上来看应当包括实际人力资源状况与预测之间的比较分析，规划预算与实际支出的比较分析，人力资源规划目标的实现程度、规划的成本收益分析，等等。

第三节　工作分析的内容及方法

　　"工作分析是现代人力资源管理的重要基石之一，是人力资源获取、整合、保持与激励、控制与调整、开发等职能工作的基础和前提。"[①]只有做好工作分析与工作设计，才能为有效完成单位的机构设计、人力资源规划制定、人员招聘、组织成员培训和发展、绩效管理、薪酬管理等工作提供依据。

一、工作分析的主要内容

　　工作分析的主要内容取决于工作分析的目的与用途。一般来说，工作分析包括两个方面的内容：确定工作的具体特征，找出工作对任职人员的各种要求。前者称为"工作描述"，后者称为"任职说明"或"工作说明"。具体来说，工作分析的内容主要包括工作性质分析、工作任务量分析、工作规范分析及工作人员的条件分析。

（一）工作性质分析

　　工作性质分析的目的在于确定某项工作与他项工作性质的区别。分析结果是通过确定工作名称来准确表述各项工作的具体内容。

　　工作名称由工种、职务、职称和工作等级组成，如六级车工、一等秘书、高级工程师等。工种、职务、职称由劳动的程序分工或专业分工决定；工作等级则由工作分级确定。它们都反映了工作性质的差别。

（二）工作任务量分析

　　工作任务量分析就是对同一性质工作任务量的多少进行分析。其结果往往表

---

　　① 倪星，谢志平．公共部门人力资源管理 [M].2 版．大连：东北财经大学出版社，2015：48.

现为确定同一工作名称的工作所需人员的数量。这一数量是指为完成某一性质工作应有的人员数量，而不是现实已有的人员数量，如为完成某项产品的生产需要六级车工多少名、高级工程师多少名等。工作任务量分析，是单位编制定额和定员的依据。现代单位人员的数量需要随着单位任务量的变动而变动，这样才能保证劳动效率的提高。

（三）工作规范分析

工作规范分析包括岗位操作分析、工作责任分析、工作关系分析、工作环境分析、劳动强度分析五项内容。

1.岗位操作分析

岗位操作分析是分析为完成某一任务而必需的操作行为。例如，为加工某一产品，某机器操作的具体操作行为是安装工件、操作机器、卸下工件、维护机器等。当有足够与此相关的操作行为时，一个工作岗位便确定了。因此，岗位操作分析是形成独立的工种和职务的前提。

2.工作责任分析

工作责任分析是确定某项工作的职责范围及在单位中的重要程度。工作责任分析的内容包括某项工作在市场研究、产品设计、生产工艺、质量检验、行政管理，以及对资金、设备、仪器、材料、工具等使用和管理、对他人安全及合作关系等方面的职责范围和重要程度。这项工作过去仅从定性方面进行，随着现代管理的推进，应尽量用"量化"的概念来说明其责任的大小。

3.工作关系分析

工作关系分析是分析某项工作与他项工作的协作内容及联系，如该工作受哪些工作领导，又领导哪些工作，上下左右与哪些工作相联系，该工作可以在哪些工作范围内升迁、调配等。工作关系分析不仅便于不同工作之间的相互衔接，而且有利于协调人与人之间的关系，从而提高工作效率。

4.工作环境分析

工作环境分析是对工作场所和条件进行分析。其主要包括：物理化环境，如工作场所的温度、湿度、照明、噪声、污染等的分析；安全环境，即工作的危险性，可能发生的事故，以及对工人造成的影响的分析；社会条件，如职工生活条件的方便程度、工作是否孤独等的分析。工作环境分析是改善工作条件、调整员工适应能力的前提。

5.劳动强度分析

劳动强度分析是对工作的精力集中程度和疲劳强度的分析。劳动强度分析可通过"劳动强度指数"来测定，但在条件不具备时，一般用"标准工作量"来表示。标准工作量是反映精力集中程度和用力大小的尺度，它包括：单位时间内完成的产品数量或成本，产品在正常情况下的超差率、不合格率，原材料的消耗率、工时和动力的消耗率以及它们的正常波动范围，工作时注意力的集中程度及作业姿势和持续时间的长度等。劳动强度分析为工作任务量分析和确定定员与定额打下了基础。

（四）工作人员的条件分析

工作人员的条件分析包括应知、应会、工作实例和工作人员的体格及特性等方面。

1.应知

应知是指工作人员对所从事工作应具备的专业知识。它包括：所受教育的程度；对工作中所使用的机器设备、原材料性能、工艺规程、操作方法以及安全、管理等有关技术理论知识的了解程度；对管理人员来说，应知还包括对政策、法规、工作细则以及有关规定和文件的通晓程度等。

2.应会

应会是指工作人员为完成某项工作任务必须具备的操作能力和实际工作经验。它包括工作人员以往担负同样工作或相关工作的工龄及成绩，该工作要求必须具备的能力及经过的专门训练，工作人员对工艺规程、设备操作、安全技术、产品质量标准等的实际执行能力。

3.工作实例

工作实例是根据应知、应会的要求，通过某项典型工作来分析与判断从事某项工作的工作人员必须具备的决策能力、创造能力、适应能力、应变能力、智力以及操作的熟练程度等。

4.工作人员的体格及特性

工作人员的体格，包括各工作岗位对人的行走、跑步、爬高、跳跃、站立、旋转、弯腰、下蹲、下跪、举重、推力、拉力、听力、视力等方面的要求，它一般通过"量"的概念加以说明。工作人员的特性包括对岗位所需人员的要求，如感觉辨识能力、记忆和表达能力、反应灵敏程度、性别以及年龄等具体要求。

二、工作分析的主要方法

（一）访谈法

访谈法作为一种常用的工作分析方法，是指访谈人员就某一岗位与访谈对象，将事先拟定好的访谈提纲进行面对面的交流和讨论，从而收集岗位信息的一种方法。访谈对象包括该岗位的现任者、该岗位的直接主管人员、熟悉该岗位的专家人员以及任职者的下属等。根据访谈对象的不同可以将其分为个别员工访谈法、群体访谈法以及主管人员访谈法。根据访谈内容的结构化程度可以划分为结构化访谈和非结构化访谈。一般工作分析访谈的流程大体上包括三个阶段，即准备阶段、实施阶段和整理阶段。

1.准备阶段

准备阶段的工作内容主要包括制订访谈计划、培训访谈人员和制定访谈提纲。制订访谈计划主要是为了明确访谈目标，确定访谈对象，选定合适的职位分析访谈，确定访谈的时间、地点、访谈所需的材料和设备等。培训访谈人员主要包括了解访谈原则、知识、技巧；传达访谈计划，明确访谈目的和意义；明确访谈人员分工与协作，力求访谈人员在访谈前对工作有大致的认识。制定访谈提纲主要是为防止在访谈过程中出现严重的信息缺失，确保访谈过程的连贯性和准确性。

2.实施阶段

实施阶段可以分为三部分，即实施开始阶段、实施主体阶段和实施结束阶段。实施开始阶段主要是从被访者感兴趣的话题等入手，营造一种相对轻松的访谈气氛，然后向被访者介绍本次访谈的流程及对被访者的要求等。若在访谈过程中，需要使用录音等辅助记录手段，应向被访者事先说明。实施主体阶段是根据事先制订的访谈计划全面展开工作分析的阶段。通过寻找访谈的切入点，详细询问工作任务等，对所需了解的相关信息全面深入地掌握，在实施结束阶段，就细节问题进一步追问并与被访者最后确认信息的真实性与完整性，感谢被访者的帮助与合作。

3.整理阶段

整理阶段是整个访谈过程的最后一个阶段，由相关工作分析人员（在速记员的帮助下，若有必要）整理访谈记录，为下一步信息分析提供清晰、条理的信息记录。

（二）问卷调查法

问卷调查法是工作分析中广泛采用的分析方法之一，是指以问卷的形式，通过任职者或其他相关人员填写问卷的方法收集工作信息。该方法结合组织岗位实际需要，首先由相关人员提前设计出工作分析问卷，其次由相关人员填写，最后将问卷加以归纳分析，并据此写出工作职务描述，再征求岗位相关人员意见而形成的工作说明书和工作规范标准。

根据调查问卷的结构化程度，可以分为结构化问卷和非结构化问卷。结构化问卷多采用封闭式问题收集信息，便于信息收集和职位之间相互比较，一般具有较高的信度和效度。而非结构化问卷多是开放式问题，具有适应性强和灵活高效的优势，能够对不同的组织进行个性化设计，但问题的随意性较强，不容易进行统计分析。无论设计何种职位调查问卷，都要从职位出发进行设计。问卷调查的具体实施过程包括以下几个方面。

第一，问卷设计。根据工作分析的目的与用途，在充分考虑问卷引导语（填写说明）、题项数量及难度、问卷长度、题目等方面的基础上设计出适合的调查问卷。

第二，问卷试测。对于设计出的问卷初稿在正式调查前应选取局部岗位进行试测，针对试测过程中出现的问题及时加以修订和完善，避免正式调查时因出现严重的结构性错误而造成资源浪费。

第三，样本选择。调查样本可以选择任职者、直接上级、有代表性的其他相关人员等。针对某一具体职位进行分析时，要有操作性的考虑，若目标职位任职者较少（一般3人以下），则均可作为调查对象；若目标职位任职者较多，则应选取适当的调查样本（以3～5人为宜）。

第四，问卷调查及回收。在对工作分析人员进行必要的培训后，通过相应的调查渠道（如组织文件或组织内部工作系统等）实施职位分析问卷调查。在问卷填写过程中，工作分析人员应及时了解和跟踪相关人员的填写状况，解答可能出现的问题，并按调查计划及时回收问卷。

第五，问卷处理及运用。工作分析人员应剔除不合格问卷，然后对回收的有效问卷进行汇总、分析、整理，将相同或类似职位的问卷进行比较分析，从中提炼信息，并编制工作说明书。

（三）资料分析法

资料分析法又称"文献分析法"，是一种通过对已有的与工作相关的文献资料进行系统性分析而经济有效地获取有关工作信息的资料收集方法。以下为资料分析法的操作流程。

第一步，确定工作分析对象。其主要是明确对什么职位进行分析。

第二步，确定信息来源。其主要是明确通过组织还是个人的何种渠道收集有关工作信息。

第三步，收集原始资料。通过尽可能的方式收集信息，如对已有的单位内部管理制度、员工工作手册、岗位职责说明、会议记录、作业流程说明、质量标准文件、工作环境描述、员工生产记录、工作计划、设备材料使用与管理制度、部门文件、作业指导书以及单位外部类似职位的相关信息等进行分析和提炼。

第四步，筛选整理有效信息。其包括各项工作活动与任务、工作环境要求，任职者的知识、技能、能力要求，以及绩效标准和工作产出等，同时对已有文献资料与本单位实际的衔接问题进行针对性分析。

第五步，描述信息。在以上信息获取及分析的基础上，初步编制工作说明书。

综上所述，资料分析法能比较经济有效地收集已有信息，节约成本。但由于该方法是对现有资料的分析、提炼和加工，它既无法弥补现有资料的空缺，也无法验证原有资料的真伪。因此，资料分析法一般用来收集工作的原始信息，编制任务清单的初稿，然后用其他的方法将收集到的信息进行验证。

（四）专家会议法

专家会议法是一种重要的工作分析方法，一般是指将专家召集起来，针对特定职位的相关信息进行讨论，以达到收集工作信息，并验证和确认职位分析成果的目的。专家会议的成员一般由组织内部成员和外部成员组成。组织内部成员主要包括现任职者、曾经任职者、直接上级、其他熟悉特定职位的人及内部客户等；外部成员主要包括其他组织的标杆职位任职者、职位分析专家及外部客户等。专家会议过程本质上是与特定职位相关的人员集思广益的过程，通过组织的"内部—外部"，流程的"上游—下游"，时间的"过去—当前—将来"等多方面、多层次的信息交流，以达到对特定职位相对一致的评价和认识。专家会议法的主要目的是征求各方面对特定职位的评价意见，因此营造会场平等、互信、友好的气氛非常重要。与会人员需要抛弃层级观念，就职位的各个方面进行面对面、平等的深入探讨。通过外部专家的参与，可以有效弥补组织内部自我修正完善能力的不足。专家会议需要组织者在会议之前进行周密的计划安排、提供职位信息、协调与会人员时间、做好会议服务保障工作，在讨论会现场有专人记录，以便后续信息整理。对于专家会议尚未形成决议的事项，应在会后由专人负责办理，然后将讨论结果反馈给与会人员。

（五）职位分析问卷法

职位分析问卷（Position Analysis Questionnaire，PAQ）是1972年美国普渡大学教授麦考密克等开发出来的结构化工作分析问卷。PAQ能用来为每个工作估计价值，从而准确确定工作的任职资格并进行量化，进而为制定职位薪酬提供依据。一般的PAQ包括信息来源、工作产出、智力过程、人际关系、工作背景和其他职位特征等六个部分共194项，其中187项用来分析工作过程中员工活动特征（工作元素），其他7项涉及薪资问题。经过多年实践检验和不断修正，PAQ方法已经成为广泛应用并有相当信度的工作分析方法。PAQ结果已应用到（如工作描述、工作分类、工作评价、工作设计、人员录用、绩效评估、人员培训等）人力资源管理的多个领域。

第四节 岗位评价与岗位设计

一、岗位评价

（一）岗位评价的价值

岗位评价，又称"职位评估"或"岗位测评"，是在岗位分析的基础上，对岗位的责任大小、工作强度、所需资格条件等特性进行评价，以确定岗位相对价值的过程。岗位评价有以下三大特点。第一，对事不对人，即岗位评价的对象是单位中客观存在的岗位，而不是任职者。第二，岗位评价衡量的是岗位的相对价值，而不是绝对价值。岗位评价根据预先规定的衡量标准，对岗位的主要影响指标逐一进行测定、评比、估价，由此得出各个岗位的价值，使岗位之间有对比的基础。第三，岗位评价是对性质相同的岗位进行评判，根据评定结果划分不同的等级。

在一个单位中有很多岗位，对此人们常常需要确定一个岗位的价值。例如，一名财务人员与一名营销人员相比，究竟谁对单位的价值更大，谁应该获得更好的报酬。为了协调各类岗位之间的关系，并对其进行科学规范的管理，就必须进行岗位评价，使岗位级别明确。通过评价，可以明确各个岗位的门类、系统、等级的高低，使工作性质、工作职责一致，把工作上所需资格条件相当的岗位都归为同一等级，这样就能保证单位在对员工进行招聘、考核、晋升、奖惩等管理时，具有统一的尺度和标准。

同时，岗位评价还可以使员工与员工间、管理者与员工间对报酬的看法趋于一致和满意，各类工作与单位对应的报酬相适应，使单位内部建立连续的等级，从而使员工明确自己的职业发展和晋升途径，便于员工理解单位的价值标准，引导员工朝更高的效率发展。

另外，岗位评价是岗位工资的重要基础，可以更好地体现同工同酬和按劳分配的原则。有人认为网络时代的单位因为组织变化越来越快，单位内部的组织结构、岗位构成也在不断发生变化，岗位评价和以岗位为基础的付酬方式已不合时宜，应选择以技能为基础的付酬方式、以能力为基础的付酬方式或以绩效为基础的付酬方式。从实践来看，目前最常见的薪酬形式仍然是结构工资制，它包括基本工资、岗位工资、工龄工资、学历工资和绩效工资等。岗位工资既是其中的重要组成部分，也是技术难度最大的部分。因此，岗位评价依然有它存在的价值。如果在设计薪酬体系时，把岗位评价与技能评价、绩效评价有效地结合使用，就可以取得更好的效果。

（二）岗位评价的操作

对于岗位评价的操作，一般有四种方法，即排序法、分类法、要素评分法、要素比较法。目前应用最广的是要素评分法，也称"要素计点法""点值法"等。

下面以要素评分法为例，说明岗位评价的操作步骤。

第一，岗位评价是以岗位分析为基础的，因此必须先进行岗位分析和编写岗位说明书，然后对岗位进行分类，以下步骤都是按不同岗位类别分开进行的。按单位具体情况，岗位可以分成管理类、技术类、生产类、营销类等。

第二，在分类的基础上，慎重选择各个类别的评价指标体系和权重体系，并对各个指标进行定义。这一步是最关键的，也是最难的。

所谓的"评价指标"，是指在评价中用一些固定的词或词组来代表一定的评价内容，如工作责任、工作强度等。除了一级指标外，还有二级指标、三级指标等。一组既独立又相互关联并能较完整地表达评价要求的评价指标就组成了评价指标体系。

权重是一个相对的概念，是针对某一指标而言的。某一指标的权重是指该指标在整体评价中的相对重要程度。而一组评价指标体系相对应的权重就组成了一组权重体系。

评价指标体系与权重体系的正确与否，决定着岗位评价和薪酬支付的公正与否，所以必须慎重选择。此外，各个类别的岗位评价指标体系与权重体系是不一样的。

第三，确定各岗位类别的评价分数，如以1000分为总评分数，然后进行层层分配、赋分。同时，对二级评价指标进行分档、定义、赋分，每个指标一般分为5档，如学历可分为初中、高中或中专、大专、本科、研究生。各档之间必须层次分明，清晰可辨。

第四，从二级指标开始，根据所给定义和赋分标准进行评分，确定每个岗位在每一指标上的得分，指标最好由几个人分工进行评分，以避免过多的人为偏差。

第五，首先汇总二级指标分数；其次汇总一级指标分数，得出每个岗位的总得分；最后进行高低排序，并按照一定的归等归级标准（如分10等，每隔××分一等；每等分15级，每隔××分一级），分别得出各类别岗位的具体等级。

第六，将评分及归等归级结果进行反馈，对存在明显偏差的岗位评价，通过小组讨论，结合专家评分法，进行重新打分，给予适当调整。

第七，在不同等级之间进行对等规定，如第一等第10级约等于第二等第1级，依次类推，使岗位评价的结果形成一个相互衔接的完整体系。在不同类别之间，也可进行类似规定，如可以规定在同一等级上，技术类人员的工资标准可略高于管理类人员。

岗位分析和岗位评价都是人力资源管理中操作难度比较大，并且意义非常重大的一项基础工作，管理人员必须给予高度重视，在实施时应慎重。同时，岗位分析和岗位评价不是一成不变的，而是一个动态变化的过程，随着单位的发展和组织结构的变化，必须给予适时的修正。只有基础打好了，人力资源管理的工作才能做到有根有据，才能实现规范化的管理，以人为本的管理才能拥有坚实的基础。

二、岗位设计

岗位设计，又称"工作设计"，是指根据组织需要，并兼顾个人的需要，规定每个岗位的任务、责任、权力及组织中与其他岗位关系的过程。岗位设计把工作的内容、工作的资格条件和报酬结合起来，目的是满足员工和组织的需要。[①]岗位设计问题主要是组织向其员工分配工作任务和职责的方式问题，岗位设计得

---

① 陈锡萍，梁建业，吴昭贤.人力资源管理实务[M].北京：中国商务出版社，2019：90.

当对于激发员工的积极性，增强员工的满意度以及提高工作绩效都有重大影响。单位的每个部门都需要岗位设计，岗位设计得如何会直接影响单位的生产经营成本。

单位由部门与岗位组成，岗位设计是为单位的发展而服务的。岗位设计必须遵循单位的战略导向和经营目标，这就是所谓的"因事设岗"原则，其具体包括客户导向原则、岗位数量最少原则、规范化原则等。影响岗位设计的因素除了战略、盈利模式、管控模式外，还包括信息技术、通信手段等。

（一）岗位设计的方法

随着经济的发展，不断改进岗位设计既是单位发展的客观要求，也是保证单位经济效益提高的重要手段。因此，在进行岗位设计的过程中，应注意一边将有关信息及时传送、反馈到各有关部门，一边制定出更具科学性、系统性和可行性的组织发展规划，采取积极有效的措施，不断改进岗位设计，推进组织的变革和发展。

1.柔性岗位设计

如今，许多单位都在推行一种柔性的岗位设计模式，这种岗位设计模式使岗位的弹性和灵活性增强，有助于员工根据自己的实际情况，设立自我发展方向。新型的柔性岗位设计呈X型，所有岗位由管理岗位和员工岗位组成。管理岗位分成两个部分：一部分是以部门为对象的管理岗，即行政管理岗；另一部分是以项目、技术为管理对象的项目、技术管理岗。在遵循一定规则的基础上，各岗位能纵横有序地快捷流动，行政管理岗可以横向流动到项目、技术管理岗；项目、技术管理岗也可以横向流动到行政管理岗；员工岗的员工既可以垂直攀升到行政管理岗，也可以垂直攀升到项目、技术管理岗，这种"双轨制"晋升，不仅使整个单位组织充满了活力与生机，而且增强了单位组织对外界的适应能力，同时减少了人才外流。

2."紧凑型"岗位设计

在进行岗位设计的时候，要考虑到充分发挥员工能动性的问题。岗位设计的好坏需要员工亲身体验，如何在岗位设计时抓住员工的心，提高其工作忠诚度，从而提高其工作绩效，降低单位成本是一项重要的任务。因此，可以推行"紧凑型"岗位设计，这种岗位设计方法的核心在于数量不宜过多，要贯彻数量最少原则。因为岗位设计的多少意味着单位花费在上面的成本的多少。

在控制成本的前提下，要使岗位数量与工作任务最优化、紧凑化，可以考虑采用将已知的工作扩大化和丰富化的手段。其中，工作扩大化可以采用横向扩大化的手段。例如，将属于分工很细的作业操作合并，将由一人负责一道工序改为几个人共同负责几道工序，在单调的作业中增加一些变动因素或者采用包干负责制，由一个人或一个小组负责一件完整的工作。除此之外，工作扩大化还可以采用纵向扩大化的手段，即将经营管理人员的部分职能转由生产者承担，工作范围沿组织形式的垂直方向扩大。工作丰富化即在岗位现有工作的基础上通过充实工作内容，增加岗位技术和技能的含量，使岗位的工作更加多样化、充实化，消除因从事单调乏味的工作而产生的枯燥厌倦情绪，从心理和生理上满足员工的需求。

"紧凑型"岗位设计要求员工与员工间、部门与部门间的距离要适当；员工与员工间、员工与上级间的距离要紧凑。例如，生产部门除了要保证每个员工有自己独立的工作空间外，还要保证员工与员工间可以及时进行交流和沟通，交流自己的工作心得，排解自己心中的疑难。通过交流和沟通可及时解决工作中的问题，增加员工对彼此工作的了解。"紧凑型"岗位设计根据取长补短、应用互补增值的人员配置原理，将绩效与单位成本相挂钩，充分调动了员工的积极性。

（二）岗位设计注意事项

相容性原则，指在岗位设计时，要考虑到员工不同性格的匹配与兼容，避免出现矛盾，影响员工积极性。坚持互补性原则，把不同性格的员工相互搭配，提高效率。员工从事一种工作的时间越久，越容易产生厌倦感，绩效越会降低。这就要求单位在设计岗位的时候充分考虑员工的心理，可以针对员工的兴趣爱好进行设计；综合岗位的特点和员工的特点，如快乐优先原则，使员工在岗位上真正感受到快乐，真正实现"岗得其人，人尽其才"。

将岗位设计与单位成本控制挂钩，中间桥梁就是绩效与薪酬。薪酬是单位人力成本的重要组成方面。开展成本控制活动，其目的就是防止资源浪费，尽可能地降低成本，并保持已降低的成本水平。岗位设计与员工绩效相挂钩，员工绩效与薪酬相联系，薪酬是人力资源成本的重要组成方面，由此，岗位设计就将员工与单位成本联系在了一起。进行岗位设计的一个重要目的就是降低员工离职率，提高员工对组织的忠诚度，降低流动率，这样单位便可以减少重新招聘员工及对员工进行培训等的相关费用，人力资源成本便会降低，这是进行单位成本控制的一个重要举措。

坚持以员工满意度为导向的岗位设计理念，并注意与成本控制相挂钩。既可以利用高科技和网络技术进行岗位设计模拟，还可以创设一个网络虚拟环境进行岗位设计的情境模拟。

第二章　人力资源管理技术及探究

第一节　人员职位管理技术及其应用探究

一、职位管理的内涵及相关技术

（一）职位与职位管理的内涵

1. 职位的内涵

职位是指承担一系列工作职责和工作任务的某一任职者所对应的组织位置。

传统的职位具有以下特征。

（1）因事设岗

职位设置的依据是具体的工作需要，任职者必须符合职位的要求，满足工作的需要。

（2）职位是最基本的组织单位

组织是由具体的职位及其任职者构成的，职位是组织最基本、最小的结构单元，是工作管理和组织管理的基础，支撑着组织实现目标。

（3）职位是组织业务流程的一个节点

职位是组织业务流程中的一个环节，有明确的业务边界，为业务正常的运转而存在。

（4）职位是责、权、利、能的统一体

每个职位都对应着相应的职责、权限，以及对任职者的要求，同时还包括任职者可以享受的待遇和受到的激励。

随着全球化、信息化和知识经济时代的到来，一些组织中的职位发生了变化，其特征主要表现在以下几个方面。

（1）因人设岗

组织在坚持战略目标的前提下，根据个人的能力专门设置相应的职位、安排相应的工作甚至开拓相应的业务，人力资源管理的重点由职位转向能力。

（2）职位与任职者并非一一对应

职位不再是组织中的一个点，而是组织中的一个线段或者一个区域，这时一个职位的工作可能有多个人参与，也可能一个人参与多个职位的工作。职位之间的界限变得模糊，没有明确的职责和绩效标准。

（3）职位是动态的

为适应环境的变化，组织需要经常改变业务和工作内容。职位的职责不再固定，职位任职者也不再固定在确定的职位上。特别是在现代组织中，团队成为一种重要的组织形式，团队的形成与解体成为常态，团队职责与目标也会在一项团队任务完成后发生变化，所以职位的变化也成为常态。

2. 职位管理的内涵

职位也叫岗位，对职位的通俗理解可以从"职"和"位"两方面阐述，职是指分内的事，即应该做的内容；位则是指位置。在人力资源管理中，职位指在既定的组织中、既定的时间内，一个既定的人承担的一个或数个任务的集合。

职位管理是基于公司的发展战略，及时对职位说明书、职位等级和职位价值进行分析、确定和调整的动态管理过程。与职位管理相关的概念还有职位族、职务、职级等。

职位族：它由大于或等于两个以上的职位构成，这些职位必须具有相似的功能、相近的工作性质和工作范围，但在职责轻重、任职资格所需条件等方面可能有所不同。职位族也称为职位序列[1]。

职务：它是指具有管理或技术特性的职位类别[2]。

职级：它是一组职位的总和，这组职位的特征是对任职者的能力要求相差不

① 朱勇国，王海斌.职位分析与职位管理体系设计 [M].北京：对外经济贸易大学出版社，2010：2.

② 黄树辉.HR 新生代：重塑人力资源管理 [M].北京：机械工业出版社，2013：55.

多。职级经常与管理的层级相联系①。

（二）职位管理的相关技术方法

1. 职位分析的技术方法

（1）访谈法

访谈法也被称为面谈法，指针对某一项工作，面对面地询问任职者及其上司和专家等相关人员对工作内容的意见或看法②。访谈法因其便捷、成本低、易于掌握和实施等优势成为职位分析中最普及的一种方法，其效果成熟且有效。

使用访谈法时，为了得到更为全面和准确的信息，一般也会对职位的相关方进行访谈。同时需要对职位分析人员进行专门的培训，即在访谈开始前做好准备工作，列出访谈提纲，学习提问的各种技巧，适当地学习心理学知识。还需要注意在访谈中准确地判断被访谈者的心理，并及时做出调整。避免因访谈者情绪的影响导致收集到的职位信息不准确，这是访谈法成功实施的难点和关键之处。

（2）工作日志法

工作日志法要求任职者本人按工作日志的形式，把自己在一定工作周期里的工作内容、所用时间，以及工作中所承担的责任、行使的职权、人际关系、工作负荷量轻重等详细地记录下来，职位分析员根据这些日志所记录的信息进行综合分析，以达到分析该职位的目的③。

运用工作日志法在实际操作过程中需要先设计表格，然后在表格中确定活动的内容、活动对象、活动结果、任务频率及工作地点等项目。还需要对任职者进行针对性的培训，使其明确记录工作日志的目的和用途，以确保任职者用客观、公正的心态记录日志，如实反映工作内容。

工作日志法的应用需要根据职位性质来定，一般用于脑力劳动的、高水平的、复杂性岗位的工作分析。这类工作杂乱无序，职位分析员一时难以了解，需经过一段时间的日志记录，从繁杂的工作事项中找出活动的目的和产出结果，以

① 朱兴佳，白京红.职位分析与评估[M].北京：电子工业出版社，2008：4.
② 朱勇国，王海斌.职位分析与职位管理体系设计[M].北京：对外经济贸易大学出版社，2010：31.
③ 朱勇国，王海斌.职位分析与职位管理体系设计[M].北京：对外经济贸易大学出版社，2010：44.

此形成职位说明书。任职者是否如实客观记录工作内容是工作日志法能否成功实施的关键。

（3）文献分析法

文献分析法是通过对与职位相关的文献的收集、鉴别、整理和研究来获取职位的工作信息，进而进行职位分析的方法。

文献分析法的优点是成本低、效率高；缺点是受收集到的信息所限，可能会遗漏职位的相关信息，或者职位原本缺失的信息无法通过文献查阅到，造成职位分析的信息不全，另外文献分析法在规模较小、管理水平较低的企业中难以实施。

2．职位评价的技术方法

（1）排序法

排序法是指请有经验的评价者对职位进行评价赋值，并根据赋值的分数按升序或者降序把职位进行排列的一种方法。对职位进行赋值的内容，依据职位所承担的责任、工作的复杂程度、对组织的贡献等。

排序法应用时先选定参与排序的职位，再获取这些职位的工作信息，组织评价人员进行培训并根据规则对职位进行评价打分，根据分值对职位进行排序，沟通排序结果，达成共识并形成职位序列。它简单易操作，成本低廉，便捷快速，容易被员工接受。但在单位职位较多时，由于排序法要对每个职位进行比较，因此工作量非常大，操作起来也比较困难。

（2）分类法

分类法常被称为等级描述法和分级法，它是在排序法的基础上，在纵向和横向上的进一步完善。横向分类一般按岗位工作的性质和特征，划分不同的职位族；纵向分类是在同一个职位族下面，按职位责任大小、劳动强度轻重、技能要求高低等因素从低到高或从高到低分级别。

分类法在实施过程中需注意的相关事项较多。横向分类需注意：职位与类别是一一对应的关系；与多个类别相关时，分入相关度最高的类别；管理类职位应按具体行使的工作职能进行划分；生产类职位根据分工特征划分；职位分类原则适度；职位类别宜少不宜多等。纵向分类需注意：密切结合岗位工作的性质来划分；与组织的薪酬战略紧密相关。比较各类职位的分级结果时应注意：尽可能精准定义职位分类和职位等级，避免评价者理解上的差异；建立各个小类之间的关联，使不同职位类别、不同职级间的相对价值能够得以衡量。分类法能对组织中所有职位进行整体策划和评价，准确且成本低，但确定每个等级的标准操作起来困难较大，因此容易导致任职者公平感的缺失。

3. 职位评价的其他方法

除上述几种职位评价方法外，业界常用的职位评价方法还有美世IPE岗位评估法、海氏评价系统、比较法和要素计点法。诸多学术界前辈对此做了丰富的研究和介绍，在此不再赘述。

每种职位评价方法都有其优缺点，在实践应用中应根据实际情况，分析现实状况后选择合适的方法，打组合拳，而非单一地用一种方法评价到底，这样才能使职位价值更为准确地得到体现，并且可以节约时间，使评价投入的人力、物力和财力较为经济。

二、职位筹划释义

（一）职位筹划的发展脉络及范畴界定

职位筹划的雏形源于"科学管理之父"泰勒的管理思想，在其《科学管理原理》《工厂管理》等著作中阐释了定标准作业法、定标准作业时间等定量化的管理方法，强调将不同的作业分类，并严格规定其相应的作业方式、作业量及作业时间，构成了职位筹划的雏形。1923年，美国制定了第一个职位分类法案。该法案基于职责和任职资格对职位进行了分类，1949年美国国会通过了新的《职位分类法》。随着研究的深入和实践的推动，国内关于职位筹划的研究也逐渐兴起。安鸿章先生在《工作岗位研究》中提到了岗位的纵向分类和横向分级方法与原则，提出企业单位应该基于实际环境和条件，进行职系职级体系的划分；彭剑锋、饶征提出了职位职级体系划分的原则为有效支撑战略，相对稳定和充分弹性，职位筹划的概念逐渐成形。

在传统的职位管理实践中，企业的职位分析和职位评价都是基于现有的职位，但是企业现有的职位设置是否合理？这些职位是否涵盖了公司的全部业务要求？是否被赋予了适当的权限？是否有利于企业业务流程的顺利运行？是否有利于企业人力资源的充分发挥？

这些问题在传统的职位管理中并没有得到回答。而职位筹划从职位管理的起点梳理企业的职位体系、划分企业的职位序列并确定企业最合理的职位设置，建立起分层分类的人力资源管理体系的基础。可以说，职位筹划是对企业职位的一种变革和再设计。

具体来说，职位筹划（Position Planning）是指从企业的战略和业务流程出发，根据企业工作任务的性质，将企业的职位划分为不同的职类、职种、职层和职级，并在此基础上建立企业的职位体系和员工的职业发展通道，从而实现人员分层分类管理目标的过程。

职位筹划的主要内容是职类、职种、职层和职级的划分。其中，职类、职种的划分主要从任职者所需的知识、技能要求及应负责任的相似性角度进行；职层、职级的划分则主要从任职者所需的知识、技能要求及应负责任的差异性角度进行。

（二）职位筹划的战略意义与作用

1. 职位筹划在企业战略管理中的作用

职位筹划能够帮助企业建立起以组织为基础、与流程相衔接的合理的职位体系，建立起企业战略目标、企业文化、流程和组织结构向人力资源管理各大模块过渡的桥梁。

（1）从企业的战略管理角度

职位筹划一方面将企业的战略目标转换为一些相互联系和支持的具体职位，另一方面明确了职位间职责的连接，避免了边界不清可能导致的责任不明，使企业的每一项工作都得到具体落实。

（2）从企业的人力资源战略角度

职位体系的建立能够明晰企业核心业务的职位界定，从而明确需要具有何种专长与技能的核心人才，为实现人才梯队建设提供顺畅的职位通道，从而实现人力资源战略中的人才战略。同时，职位体系能够整合招聘管理、职业发展、培训开发、绩效管理、薪酬管理等职能，将人力资源工作重点从单独做好某一项工作转向强调系统整合的战略性人力资源管理。

（3）从企业的组织结构角度

职位是组织结构中的最小要素。职位体系是基于职位分类形成的所有职位的集合，明确了职位在组织结构中的角色和职责，实现了组织结构的划分。

（4）从企业的核心业务流程角度

企业中职位的职责包含了核心业务流程中的所有关键活动，职位序列应与关键增值活动基本对应。

2．职位筹划在人力资源管理职能中的作用

职位筹划的最终成果是建立起公司的职位体系，可以在以下方面为企业提供有效的帮助。

第一，职位筹划是实现同工同酬，建立公平、合理的薪酬制度的基础和依据，有助于调动员工的工作积极性。

第二，职位筹划的成果是对各类工作人员进行考核、升降、奖惩、培训管理的依据。

第三，职位筹划的成果是员工职业通道设计的基础。

三、职位分析释义

（一）职位分析在战略与组织管理中的作用

职位分析对企业战略的落地与组织的优化具有十分重要的意义，具体表现在以下几个方面。

1．实现战略传递

通过职位分析，可以明确职位设置的目的，从而找到该职位如何为组织整体创造价值，如何支持企业的战略目标与部门目标，从而使组织的战略得以落地。

2．明确职位边界

通过职位分析，可以明确界定职位的职责与权限，消除职位之间在职责上的相互重叠，从而尽可能地避免因职位边界不清导致的推诿扯皮，并且防止职位之间的职责真空，使组织的每一项工作都得以落实。

3．提高流程效率

通过职位分析，可以理顺职位与其流程上下游环节的关系，明确职位在流程中的角色与权限，消除职位设置或者职位界定所导致的流程不畅、效率低下等现象。

4. 实现权责对等

通过职位分析，可以根据职位的职责来确定或者调整组织的授权与权力分配体系，从而在职位层面上实现权责一致。

5. 强化职业化管理

通过职位分析，在明确职位的职责、权限、任职资格等的基础上，形成该职位的基本工作规范，为员工职业生涯的发展提供牵引与约束机制。

（二）职位分析的基本原则

职位分析主要遵循以下五个原则。

1. 以战略为导向，强调职位与组织和流程的有机衔接

职位分析必须以企业的战略为导向，与组织的变革相适应，与提升流程的速度与效率相配合，并以此来推动职位描述与任职资格要求的合理化与适应性。

2. 以现状为基础，强调职位对未来的适应

职位分析必须以职位的现实状况为基础，强调职位分析的客观性与信息的真实性；另外，也要充分考虑组织的外部环境、战略转型、技术变革、组织与流程再造、工作方式转变等一系列变化对职位的影响和要求，强调职位分析的适应性。

3. 以工作为基础，强调人与工作的有机融合

职位分析必须以工作为基础，以此推动职位设计的科学化，强化任职者的职业意识与职业规范；同时，职位分析又必须充分照顾到任职者的个人能力与工作风格，强调在工作内在客观要求的基础之上，适当地体现职位随人的动态变化，处理好职位与人之间的矛盾，实现人与职位的动态协调与有机融合。

4. 以分析为基础，强调对职位的系统把握

职位分析绝不是对职责、任务、业绩标准、任职资格等要素的简单罗列，而是在分析的基础上对其加以系统的把握。包括系统地把握该职位对组织的贡献，与其他职位之间的内在关系、在流程中的位置与角色，以及其内在各要素的互动与制约关系，从而完成对该职位全方位、富有逻辑的系统思考。

（三）职位分析的实践应用

在实践的过程中，领导根据公司战略、内外部竞争环境的变化不断完善其运行过程，使职位分析落到工作实处。

职位分析的目的在于提高企业人力资源管理水平，推进战略目标的实现，职位分析的成果可应用于人员配置、绩效考核、员工培训。

1. 职位分析在人员配置中的应用

（1）合理用编

职位分析中的"定编制"为各个职位人数提供了参考依据，目前公司各个单位冗员与缺编并重，通过职位分析，测算各个职位所需人数，提出相关单位具体职位人员配置建议，既缓解了人力资源部门的用工压力，也为科学用人提供了依据。

（2）招聘选拔

通过职位分析中的"定能力"明确职位的核心竞争力素质、任职资格。对各个职位的核心竞争力素质与专业知识进行明确，对企业人员选拔具有重要意义。过去选拔员工的规范性与连续性较差，导致招聘的员工不符合工作要求，工作推进较差，浪费资源；或者因为招聘要求过高，选拔了高层次人才，但在薪酬、职级上跟不上人才要求，员工很快离职。职位分析的明确，可以使人力部门掌握招聘职位的任职资格，明确学历经验、承担的职责等要求，既规范了招聘流程，又减少了协调时间，提高了工作效率。

2. 职位分析在绩效考核中的应用

通过职位分析中的"定组织、定职位"对部门职责进行梳理分解，同时对各职位工作职责再清理，明确不同组织、职位的具体工作职责，建立标准化的组织体系，实现工作与职位的匹配，有利于工作开展的稳定和绩效跟踪，同时也为绩效计划的规范化、标准化制定奠定了基础。

界定该职位员工的工作价值、工作幅度、工作负荷量，并且根据界定的职级带宽情况，明确职位价值。明确的职位说明书，明确的绩效考核指标，可以帮助员工找寻改进方向。

绩效考核体系的标准，最核心的是为每个职位设置客观具体、可量化的指标，以及标准化的打分体系。

管理者为下级下达绩效计划书，并根据绩效过程完成绩效评估。

绩效评估流程，员工根据职位说明书的内容与主管沟通后在绩效系统中填写绩效计划→直接主管审批同意后实施→下月员工在系统中进行自评→直接主管评定→绩效结果沟通。整体员工绩效评估流程由员工绩效管理系统进行支撑。主管根据该员工的职位说明书对其绩效达成情况提供帮助并提出改进建议。

3．职位分析在员工培训中的应用

通过职位分析中的"定能力"明确职位应知应会知识、核心竞争力素质、任职资格。让员工对照职位说明书，明确自己有哪些方面能力的缺失，并在今后加强职位能力的学习与锻炼。直属领导也可以加强对下属员工相应职位能力的培养，使员工更快地成长进步，拓宽职业生涯，提高员工士气。

在培训层面，对职位分析中"定能力"的促进作用主要体现在培训需求收集阶段。职位分析可以为公司层面的培训需求提供依据。培训需求建立在公司的战略和目标基础上，不同职位员工的发展、如何做好本职工作、需要补充哪方面的知识技能等问题，可以通过培训实现，人力资源部参照各类职位说明书，收集整理信息。通过职位分析，还可以找到现有人员与任职资格之间存在的差距，找准培训需求点。

第二节　薪酬设计技术及其应用探究

一、薪酬设计与管理的基本框架体系

薪酬设计所涉及的理论和技术全部是围绕战略层面、制度层面、技术层面三个层面展开的。把握了这三个层面，就把握了薪酬设计的实质。下面我们对薪酬设计的三个层面进行概括分析。

（一）战略层面

战略层面是构建薪酬设计与管理体系的整体思想指导——企业战略驱动人力资源战略，进而影响薪酬战略[①]。在进行薪酬体系设计时，需要考虑的重要问题是如何使薪酬战略与企业战略相匹配，从而支撑企业整体战略的实现。首先必须明确企业的使命与战略，并据此确定公司的人力资源愿景与整体战略，其次在考虑企业所面对的社会与行业环境及法律环境的前提下，确定人力资源管理体系中最重要的组成部分，即薪酬理念与策略。这样就能保证企业的薪酬体系与战略是一致的，能够支撑企业战略目标的实现。

（二）制度层面

制度层面是薪酬设计与管理体系的具体内容。在这个层面上，要依据企业的薪酬理念与策略确定企业的薪酬结构，并进行薪酬评价，建立完善的薪酬管理制度。这一制度既要确保薪酬的内部公平性和外部竞争性，又要体现员工的贡献和价值，最终实现企业的战略目标，提升企业的综合竞争力，促进组织的持续成长。

（三）技术层面

技术层面主要包括构建薪酬设计与管理体系所涉及的一些具体技术方法，如外部薪酬调查、职位评价和薪等薪级的设计等，这些内容是薪酬体系设计的基础。没有职位评价，就难以确保薪酬体系的内部公平性；没有外部薪酬调查，薪酬体系的外部竞争性就无从谈起；没有薪等薪级的设计，就难以在不同员工之间拉开薪酬差距，难以发挥薪酬对员工的激励作用，企业绩效的实现就是空谈。技术层面的内容虽然基础，但却是薪酬体系设计中不可忽略的重要组成部分。

战略层面、制度层面和技术层面在整个薪酬体系中的作用不同，但都不可或缺，只有实现三个层面各项工作的有机结合，才能形成一套与企业战略相一致的薪酬体系，从而通过合理的薪酬支付激发员工的工作积极性，确保企业绩效目标的达成，实现企业的战略目标。

[①] 李敏娟.国有企业战略导向的薪酬管理体系构建[J].中国劳动，2017（7）：53-55.

二、薪酬设计的类型

（一）基于职位的基本工资体系

基于职位的基本工资体系，是以岗位的价值为基础，需要通过对岗位的分析、评价及价值分析来确定该岗位，以及其应该具备的市场价值。基于职位的基本工资体系的优点与不足，如表2-1所示。

表2-1　基于职位的基本工资体系的优点与不足

优点	与传统按照职级付薪酬的模式相比较，实现了以岗定薪，达到了内部公平性的建设，员工的薪酬调整与岗位挂钩，激励员工通过晋升和岗位竞争来换取更高的劳动报酬
不足	在岗位有限和晋升条件不足的时候，优秀的员工很难通过其他渠道获取更高的薪酬待遇。进而可以看出，在基于岗位的薪酬设计上，更偏向于内部公平性的建设而忽略了市场竞争性的因素

（二）基于绩效的基本工资体系

基于绩效的基本工资体系以员工的绩效水平和业绩作为工资支出的标准，高效率、高绩效、高贡献的员工可以获取高额的报酬，反之将获取较低的报酬。基于绩效的基本工资体系让员工在同等标准上比较贡献和业绩的大小，如提佣形式、计件形式的薪酬等。基于绩效的基本工资体系的优点与不足，如表2-2所示。

表2-2　基于绩效的基本工资体系的优点与不足

优点	员工的薪酬水平与业绩直接挂钩，多劳多得，激励作用大，在目标明确的前提下，员工更容易成长和发展，同时推动公司战略目标的实现。在企业发展的过程中，企业的成本也随着企业的业绩进行变化，不会存在固定人工成本过高的情形
不足	过度关注个人绩效时，会对组织的协调性造成一定不良影响；同时在绩效管理的条件下，有些岗位存在短期内难以见绩效的情况，会给员工一定的不安全性，导致企业的长期经营目标难以实现。在企业快速发展的阶段，绩效薪酬模式会有很好的激励效果，但是在企业走下坡路的危急关头，有可能会产生马太效应，加剧企业的风险

（三）基于技能的基本工资体系

基于技能的基本工资体系以员工的技能或者能力作为薪酬标准的基础，即以员工的能力和技能作为支付薪酬的主要因素。在这种薪酬体系下，员工获取工资水平的高低，取决于自身能力和技能，而不是传统意义的岗位和职级等。这种体系适用于以技术为导向的企业，如技术人员、研发人员及知识管理人员等。基于技能的基本工资体系的优点与不足，如表2-3所示。

表2-3　基于技能的基本工资体系的优点与不足

优点	持续提升员工学习力，激励员工通过学习新的技能来增加薪酬水平，为岗位需求的多能多技术提供培育土壤。同时员工能力的提升，也能够提升企业的运行效率，降低人工成本，使得企业能够快速发展，与时俱进
不足	首先，在技能的判断上难免会存在一定的主观因素，这可能会导致内部不公平感的产生，导致同岗位员工产生一定程度的内耗，降低组织效率。其次，技能不一定能够给企业做出突出的贡献，高技能低付出员工不一定比低技能高付出员工带来的效益大。最后，对于最高技术人员的激励在公司战略不明的情况下，有可能会缺乏目标性，导致其工作无用功增加

三、薪酬设计的基本原则

（一）经济原则

薪酬的设计过程要充分考虑企业发展的实际情况和企业的承受能力，需要对总成本进行一定的限制，并且不能影响薪酬内部公平性和外部竞争性，以及激励性的平衡。薪酬的比例要符合行业的特性，通过对薪酬成本的合理控制，减少企业运行负担，同时能够支撑起企业的战略发展。

（二）成本补偿性原则

成本补偿性原则即薪酬的设计在满足员工最低生活保障的前提下，补偿员工在工作过程中的经济付出和消耗，保障员工的工作稳定性和可持续性。员工只有在衣食住行方面有基本保障的前提下，才能有效地进行生产再创造。

（三）竞争性原则

竞争性是企业效率的关键，同时竞争性也是相对的，包括企业内部和外部的竞争性。在内部，不同岗位层级、不同技术水平的薪酬是有一定差异性的，只有通过竞争才可以获取更高的薪酬水平；在外部，公司只有保持竞争性的薪酬政策才可以从同行业获取更多的定级优秀人才，在对于关键岗位的薪酬设计上，一般可以考虑使用市场领先策略。

（四）公平性原则

公平和效率是企业保持稳定和竞争性的两大基础原则，进而公平性原则成为薪酬设计的基础。不仅要体现内部的公平性，如同岗、同能、同酬等，而且要体现外部的公平性，即与外部企业进行平行比较时，要具备相应的公平性。在此原则下，同种工作岗位上不同员工所获得的公平报酬在数量上是有差异的。

（五）合法性原则

企业的薪酬制度必须符合党和国家的相关政策与法律。在大的方面要符合国家政策规定，在小的方面要顾及各种类型的员工。如最低工资规定、病假工资、工伤待遇、生育待遇、保险基数及高低温补贴等，在与当地实际经济发展水平相结合的基础上，合理进行薪酬设计。

（六）激励原则

薪酬的本身就具备一定的激励性，但是如何有效将薪酬的激励性充分体现，就需要在薪酬设计过程中重点关注，如从内部的激励性角度，不同岗位、不同层级、不同技能、不同绩效水平的人员一定要有差异性，这样才能充分调动员工的工作积极性。

四、薪酬设计要点

（一）要重视薪酬的长期激励功能

由以上内容可看出，薪酬的激励作用十分重要，企业只有注重薪酬的长期激励功能，才能实现可持续发展。公司的管理者应该意识到纯粹的高薪不能永久地留住员工，也不能发挥长期激励作用。因此在设计薪酬时，应加入绩效薪酬的部分，将绩效薪酬变为主要的可变薪酬，只有这样才能充分调动员工的工作积极性，体现薪酬的长期激励作用。

（二）制定合理的福利制度

福利制度在现代企业薪酬管理中的作用越来越重要，福利制度的好坏对于人才能否保留有着不容忽视的作用。一般的工资与福利在本质上不完全相同，工资是用人单位根据相关规定以货币形式发放的支付给员工的酬劳，而福利一般是以非货币形式发放给员工的，主要是用于激励和保留员工。现在许多民营企业不太注重福利制度，而且由于员工众多，每位员工对福利的偏好程度也有所区别，因此目前对于福利制度没有统一的制度方式。

第三节　绩效管理技术及其应用探究

一、绩效与绩效管理的概念

（一）绩效的概念

绩效，也称业绩、效绩、成效等，是指人们从事某一工作活动所产生的成绩和成果。关于绩效的概念存在很多争议，但总体而言可以分为以下几种，如表2-4所示。

表2-4　绩效概念的不同观点

观点	主题描述
结果论	这种观点认为"绩效"="结果"（或者"产出""目标实现度"），主要指标包括责任履行度、目标完成度、计划完成度、产量、销量及利润等。绩效管理是对工作结果进行管理与客观评价，以实现组织目标的过程
过程论	这种观点认为"绩效"="行为"，包括行为的方式、流程和方法等。绩效管理是对员工行为进行管理和客观评价，以引导组织或个体的行为推动组织目标实现的过程

续表

观点	主题描述
能力论	这种观点认为"绩效"="能力"，包括潜力和能力，关注的是现在能做什么和将来能做什么。绩效管理是通过对潜力和能力的管理与评价，以引导组织或个体提升能力、实现组织未来目标的过程
综合论	从以上观点可以看出，过程论和能力论的最终落脚点还是最终的结果，只不过关注的重点不限于结果，而是认为好的结果源于能力及相应的行为，而行为又受到能力的影响。由此便产生了绩效的综合论，这种观点认为绩效是人的能力、行为和结果的综合体，即：绩效=能力（能做什么）+行为（如何做）+结果（做出什么）

本书认同综合论的观点，提出绩效的定义：绩效是具备一定能力的人或组织通过符合组织要求的行为实现组织目标的综合体现。

（二）绩效管理的概念

绩效管理本身代表着一种观念和思想，代表着对于企业绩效相关问题的系统思考。绩效管理的根本目的是持续改善组织和个人的绩效，最终实现企业战略目标[①]。为改善企业绩效而进行的管理活动都可以纳入绩效管理的范畴。应该说，绩效管理作为一种管理思想，渗透在企业管理的整个过程之中，涉及企业文化、战略规划、组织、人力资源、领导、计划、改进和考查、激励、统计与控制等各个方面，如流程再造、全面质量管理、目标管理等，都可以纳入绩效管理的范畴。

目前，关于绩效管理的观点有以下三种。

1.组织观

绩效管理是管理组织绩效的一种体系。这种观点认为，绩效管理是由三个过程组成的：计划、改进和考查。其中，绩效计划主要是制定企业的愿景、战略，以及对绩效进行定义。绩效改进是从过程的角度进行分析，包括业务流程再造、持续性过程改进、全面质量管理等活动。绩效考查包括绩效的衡量和评估。当然，这三个过程也可以应用于所选定的任何层次进行的绩效管理，如组织范围、经营单位、部门、团体乃至个人等层次。

---

① 王文娟.浅谈企业绩效管理体系建设[J].科技与企业，2015（1）：45-46.

这种观点的核心在于确定企业的战略并加以实施，雇员并不是绩效管理的核心。它引起广泛关注的原因之一在于把20世纪80年代和90年代出现的众多新兴管理思想、原理和实践结合了起来。

2.员工观

绩效管理是管理雇员绩效的一种体系。这种观点通常用一个循环过程来描述绩效管理，具有多种形式。这种观点强调，管理者与被管理者应该在雇员的期望值问题上达成一致的认识。绩效激励是部门管理者的一项职责。此外，部门管理者还在绩效考核方面发挥着特殊的作用。应该注意的是，绩效考核是管理者和被管理者共同参与的活动，其责任不仅在管理者，被管理者也要承担相应的责任。而且，绩效考核应该是一项循环进行的活动。

3.综合观

绩效管理是把对组织和对雇员的管理结合在一起的体系。这种观点可以看作前面两者的结合，认为有必要对各个层次的绩效进行管理。本书对于绩效管理的理解与第三种观点比较一致，认为绩效管理是对各个层次的绩效进行综合管理的过程。一方面是对组织绩效的管理，包括企业文化、战略、组织结构、激励、人力资源管理等各个方面；另一方面是对员工个体的管理，通过帮助、引导和激励员工持续改进和提升以实现组织目标的过程。

绩效管理作为一种管理思想，主旨有两个：系统思考和持续改进。它强调动态和变化，强调对企业或者组织全面和系统的理解，强调学习性，强调不断的自我超越。孤立地、片面地、静止地看待绩效管理，很容易使绩效管理掉入机械化、僵化的陷阱。

将系统思考确定为绩效管理的主旨之一，是因为企业的问题从来都不是孤立的，而是相互交织、相互影响。绩效作为企业运行管理的总体表现，涉及的层面不可能是单一的，因此必须进行系统思考。那么对于企业绩效管理问题该如何进行系统思考，我们将在后文进行比较详细的论述。

至于持续改进，上面的三种观点都在谈这个问题。持续改进是一个不断学习、不断总结进而不断提高的过程。现在谈论较多的学习型组织、知识管理，就是在比较深入地谈论学习的问题，讨论企业如何通过不断地总结内生经验与知识获得核心竞争力。但是作为一种管理思想，"学习"早已经渗透在管理的方方面面。

（三）战略绩效管理的内涵

企业的一切行为都是为了实现战略，一切管理活动都是为了提高绩效，因此需要建立以战略为导向的绩效管理体系，将战略思想融入管理实践。战略绩效管理是指以企业战略为导向，以战略绩效目标的沟通与传递、绩效承诺与评价为主要内容，以推动战略的执行与落地为核心目标的绩效管理机制与制度。

1.战略绩效管理的特征

第一，以战略绩效目标为核心，牵引企业各项经营活动，实现企业战略、经营计划、预算、资源配置与绩效管理的有机结合。具体表现为以下三个方面。

一是经营计划不同于绩效管理。经营计划是根据经营目标对企业的生产经营活动和所需要的各项资源，从时间和空间上进行具体统筹安排而形成的计划体系。绩效管理是通过分解公司整体行动计划，制定不同层级组织和个人的目标，优化关键业务活动，提取关键绩效指标，并通过绩效考核指标来落实责任，及时反映行动计划和预算的执行情况。

二是绩效管理超越了传统意义上的预算管理。预算是财务类关键绩效指标的基础。公司各级组织通过绩效指标落实责任，及时反映行动计划和预算的执行情况。预算的调整影响绩效计划和关键绩效目标值的修正，绩效管理通过对公司和部门预算进行调整与控制，确保预算的切实贯彻。

三是战略规划与目标制定是绩效管理有效实施的前提。企业通过内外部环境分析制定战略，绘制战略地图，进而确定企业经营业务的相关组合，以及支持企业战略实现的核心竞争力与关键战略举措，从而完成企业的具体经营计划、预算、资源配置，实现与绩效管理的有效结合。

第二，通过目标与计划、辅导与执行、评估与反馈、激励与改进的绩效管理循环体系，形成持续的绩效改进系统，驱动组织和员工不断创造卓越绩效。

第三，通过企业战略目标的沟通和分解，形成各层级组织的工作计划和预算，并定期检查战略实施情况，对各级组织的绩效加以考核和激励。

企业通过战略地图、平衡计分卡等形式表现战略目标，明确各层级组织的绩效衡量标准，并制定各自的行动方案，明确财务预算、资源配置计划等。在执行过程中定期检查战略实施情况，分析战略执行的差距及原因，并通过一定的激励措施来保证组织绩效考评的落地和战略目标的实现。

第四，通过战略绩效目标的层层分解，使战略绩效目标落实到每一位员工身上，实现绩效管理的全员参与，实现从组织绩效到个人绩效的联动。

在企业目标的基础上，根据员工个人的岗位职责、职业发展和能力要求，确定员工个人的绩效目标，形成个人计分卡和绩效考评表，制订不同周期的工作计划，在执行的过程中加强绩效沟通、掌握完成情况、分析差距及原因，并最终落实到绩效奖励中去。

第五，战略绩效管理体系是均衡发展的绩效管理体系。战略绩效管理平衡考虑财务绩效与非财务绩效、短期绩效与长期绩效、过程绩效与结果绩效的关系，将组织的绩效成长与个人的能力提升结合起来，从而构建企业的可持续发展能力。

随着平衡计分卡、经济增加值法、六西格玛等战略管理工具的诞生及应用，越来越多的企业不再考核单一财务指标，而是将非财务指标纳入考核过程，重视企业无形资产对战略目标实现的重要价值。许多企业将内部业务流程改进及员工能力提高作为重要的战略目标，实施长短期目标及过程绩效与结果绩效相结合的考核模式，促进了企业的可持续发展。

2.战略绩效管理的作用与意义

（1）战略绩效管理有利于企业战略的有效执行与落地

公司竞争战略需要具体的落地措施，而战略绩效管理就是公司的战略执行系统，是公司战略落地的有力工具。公司战略中的市场竞争策略、技术与产品服务策略等必须进一步分解到相关部门，形成相关部门的具体行动目标和措施。目标管理、KPI指标、标杆管理等就是将企业战略转化为各部门的行动目标和措施，再落实到具体员工的战略绩效管理方法，使企业战略得以实施和落地。

（2）战略绩效管理可以更好地进行绩效沟通与绩效改进

战略绩效管理强调绩效沟通，对不同层级的组织绩效来说，可以通过定期召开战略会议回顾战略执行情况；进行绩效检查，发现现实情况与目标的差距及原因，最终决定是否需要调整战略目标，并制订绩效改进计划。对于员工个人绩效来说，直接上级定期或不定期地对员工的绩效执行情况进行沟通与辅导，一方面，管理者可以将最明确的工作信息和责任要求传递给员工，另一方面，员工可以将最直接的工作效果反馈给管理者，从而减少各层级人员之间的障碍。此外，绩效沟通也有助于建立公平公正的绩效考评机制，准确评估业绩，增强员工的工作积极性。

（3）战略绩效管理是人力资源管理体系的枢纽与核心

公司的人力资源管理体系是指在公司战略指引下制定的人力资源战略及组织结构与业务流程。战略绩效管理以战略为指导，以绩效管理为核心，是人力资源管理战略规划的指针，是人员招聘、业务培训的出发点，也是选拔干部、制定薪酬奖惩政策的依据，还是传递公司价值观、管理员工关系的重要手段。在公司的人力资源管理体系中，战略绩效管理是枢纽与核心。

（4）战略绩效管理是传递公司价值的重要信号

战略绩效管理从公司战略出发，逐级分解战略目标，也逐级传递公司价值观，告诉员工什么是公司需要和鼓励的、什么是公司摒弃和反对的，自己在实现公司核心价值中能做出什么贡献等。在绩效管理的计划、实施、业绩评估、绩效沟通等各个阶段都在传递价值信息，引导员工为公司做出贡献。

二、绩效管理循环

绩效管理是一个不断循环的过程，其包括绩效目标与计划、绩效辅导与执行、绩效评估与反馈，以及绩效激励与改进（如绩效改进和导入及其他人力资源管理环节的应用），绩效管理的核心思想在于不断提升公司和员工的绩效和能力。

（一）绩效目标与计划

1.绩效目标与计划的内容

绩效目标与计划是指管理者和被管理者通过沟通，对被管理者的工作目标和标准达成一致意见，形成工作计划的过程。这是绩效管理体系的第一个关键步骤。在这个阶段，需要明确组织的经营计划与管理目标，以及员工的工作目标和工作职责。上级对下级绩效的期望达成共识，下级对自己的工作目标作出承诺。具体而言，包括以下几个方面。

第一，就员工的工作目标达成一致。员工的工作目标与公司的总体目标紧密相连，员工清楚地知道自己的工作目标与组织的整体目标之间的关系。

第二，就员工的工作职责达成共识。员工的工作职责和描述按照现有的组织环境进行修改，需要反映本绩效期内主要的工作内容。

第三，就员工的主要工作任务、各项工作任务的重要程度、完成任务的标准及其在完成任务过程中享有的权限达成共识。

第四，就员工在完成工作目标的过程中可能遇到的困难和障碍达成共识，并且明确管理者需要提供的支持和帮助。

第五，将以上共识以书面形式表示出来，包括员工的工作目标、实现工作目标的主要工作结果、衡量工作结果的指标和标准、各项工作所占的权重，最后管理者和员工双方在书面计划上签字。

2.绩效计划的过程

绩效计划是一个双向沟通和共同承诺的过程，主要包括以下几个环节。

（1）绩效目标的确定与分解

绩效管理目标的确定与分解是公司目标、期望和要求的压力传递过程，同时也是牵引工作前进的关键。通过绩效目标的确立牵引企业、部门和员工向同一个方向努力，形成合力共同完成企业的战略目标。绩效目标的设立通常要遵循SMART原则。

SMART原则是指：

第一，目标是具体的（Specific），即明确做什么，达到什么结果；

第二，目标是可衡量的（Measurable），绩效目标最好能用数据或事实来表示，如果太抽象而无法衡量，就无法对目标进行控制；

第三，目标是可达到的（Attainable），绩效目标在部门或员工个人的控制范围内，而且通过部门或个人的努力可以达成；

第四，绩效目标与公司和部门目标是高度相关的（Relevant），体现出目标从上到下的传递性；

第五，目标是以时间为基础的（Time-based），受到一定的时间限制。

绩效管理目标的整个分解过程是通过上级与下级之间的互相沟通将总体目标在纵向、横向或时序上分解到各层次、各部门乃至具体的人，从而形成目标体系的过程。目标分解主要是按照时间分解、空间分解或者两者相结合的原则进行的，如表2-5所示。

表2-5 绩效管理目标分解的原则

时间分解		确定目标实施进度，以便实施过程中进行检查和控制。这种分解形式构成了目标的时间体系
空间分解	纵向分解	将目标逐级分解到每一个组织层次
	横向分解	将目标项目分解到有关同级组织

（2）关键绩效的确定

部门负责人根据企业的年度计划和管理目标，围绕本部门的业务重点、策略目标和关键绩效指标制订本部门的工作目标及计划，保证部门朝着公司要求的整体目标推进。管理者根据具体职位应负的责任，将部门目标层层分解到具体责任人，并确定相应的关键绩效指标。

常用的确定关键绩效指标的方法有KPI法、平衡计分卡法（BSC）、经济增加值法（EVA）、标杆管理法（BM）等。管理是需要成本的，绩效管理的工具与企业的管理方式、复杂程度、精细化程度有很大关系，因此在企业发展的不同阶段，所采用的绩效管理工具有所不同。

（3）双向沟通达成一致

绩效计划的目标及标准的达成往往需要管理人员与员工双向、反复沟通。最初是从上到下传递目标期望，然后根据目标进行可行性分析和从下到上的反馈，接着又是从上到下达成共识、确定绩效目标，最后制订行动计划并从下到上进行反馈。每个阶段所需的时间有所不同，但在每个环节上双方的坦诚沟通是保证计划成功制订的关键因素。

绩效计划是关于工作目标和标准的契约，关键绩效指标的确定通常与年度预算和计划同时进行，并以绩效合约的形式确定下来。绩效计划阶段要形成一份绩效合约，管理人员要签订目标责任书，员工要签订绩效合约，以此作为考核的依据。绩效合约包含的主要内容有：①受约人、发约人基本信息；②本职位关键职责描述（作为设定业绩考核内容的依据和针对本考核期的主要任务）；③绩效考核指标，包括战略性绩效指标、日常类绩效指标及协同类指标；④权重（界定绩效考核内容中各部分的相对重要性）；⑤绩效目标；⑥特殊奖惩因素（例外考核要项，如出勤率、安全管理等）；⑦评价方式与标准；⑧责任人签字。

（二）绩效辅导与执行

绩效辅导与执行是指考核者对下属完成绩效指标的过程随时予以关注和辅导，以保证下属顺利完成业务目标。各级管理者应依据具体的业务指标或工作质量要求，经常与下属沟通，了解工作进程，监督服务质量，收集有关员工绩效表现的数据或证据，及时发现不足或质量隐患，帮助下属提高业务水平，确保公司战略在各级员工中得到顺利贯彻，这是绩效管理体系中最重要、最核心的部分，对各级管理者提出了很高的要求。

在绩效管理中，绩效沟通并不只是一个考核周期结束后的程序性工作，而应始终贯穿整个绩效管理过程，包括从绩效计划到绩效执行的辅导过程，再到绩效考核期间的反馈，而且在不同阶段，沟通的目标、内容和方式有所不同，如表2-6所示。

表2-6　绩效管理各阶段的沟通重点

绩效管理阶段	沟通目标	沟通内容	沟通方式
绩效目标与计划	确定员工在考核期内应该完成什么工作和达到什么绩效目标	（1）回顾有关信息 （2）设定具体目标 （3）确定关键绩效指标 （4）确定衡量标准 （5）讨论可能遇到的问题和困难 （6）明确员工的权利	书面沟通 面谈沟通
绩效辅导与执行	就绩效辅导与执行过程中的关键控制点、员工工作问题，以及行为偏差等进行预防和纠正，使管理者和员工共同找到与达成目标有关问题的答案	（1）员工的工作进展怎样？ （2）员工和团队是否在正确的达成目标和绩效标准的轨道上运行？ （3）如果有偏离方向的趋势，应该采取什么样的行动扭转这种局面？ （4）员工哪些方面的工作做得较好，哪些方面需要纠正或改进？ （5）员工在哪些方面遇到了困难或障碍？ （6）管理者和员工双方在哪些方面已达成一致，在哪些方面还存在分歧？ （7）面对目前的情境，要对工作目标和达成目标的行动作出哪些调整？ （8）为使员工出色地完成绩效目标，管理者需要提供哪些帮助和指导	书面沟通 面谈沟通 非正式沟通

续表

绩效管理阶段	沟通目标	沟通内容	沟通方式
绩效评估与反馈	就员工绩效结果、目标完成情况及原因进行分析，探讨改进措施和机会，提高员工能力和绩效水平	（1）具体说明员工在考核周期内的绩效状况 （2）与员工探讨取得此绩效的原因，对绩效优良者予以鼓励，帮助绩效不良者分析原因，并共同制订改进措施和相应的培训计划 （3）针对员工的绩效水平告知其将获得怎样的奖惩，以及其他人力资源决策 （4）表明组织的要求和期望，了解员工在下个绩效周期内的打算和计划，并提供可能的帮助和建议	书面沟通 面谈沟通 会议沟通 非正式沟通

（三）绩效激励与改进

绩效管理的目的是实现绩效的持续改进；绩效管理循环的实质是绩效改进的循环，所以绩效改进是绩效管理的重要环节。传统的绩效管理多注重最终的考核结果，而真正基于战略的绩效管理必须在重视考核结果的基础上进一步提高员工的能力和绩效。

1.绩效改进计划的要点

员工绩效改进计划通常是在上级管理者的帮助下，由员工自己来制订计划，并与管理者共同讨论，就需要改进的内容、改进的原因和改进的方法等达成一致。同时，上级管理者应提供员工实现计划所需的各种资源和帮助。

（1）选择有待改进的内容

有待改进的内容通常是指工作的能力、方法、习惯等有待提高的方面，如现在的能力水平不足，或者现在的能力水平尚可但工作有更高的要求。由于在一定的周期中，员工可能没有精力和时间改进所有的待改进项目，因此需要选择近期最需要提高的方面。

（2）创造绩效改进的氛围

员工需要在一种鼓励其改进绩效的环境里工作，而营造这样的工作氛围，最重要的因素就是员工的直接上级。员工可能因畏惧失败而不敢尝试改变，这时需要其直接上级去协助他们，并在布置任务的同时给予适当的指导或辅导，工作完成以后对员工给予适当的评价，肯定成绩，指出不足，帮助员工树立信心。

（3）对有所改进的员工给予适当的激励

员工如果在能力得到提高后获得奖励，就会更有动力做好工作。奖励的方式不仅仅是物质奖励，精神方面的鼓励更加重要，管理者要及时给予员工表扬，或加大责任，给予更多的授权等。

（4）绩效改进须融入日常管理工作

绩效改进不是管理者的额外工作，而是其日常工作的一部分，贯穿整个绩效管理周期的始终，这需要组织氛围的支持及企业文化的熏陶，并且有赖于组织沟通的制度化和规范化。

2.绩效改进的流程

（1）确定绩效差距

员工需要根据所要达到的绩效目标，对照自己的绩效结果，找出其中的差异，并确定绩效差距。

（2）分析产生绩效差距的原因

分析产生绩效差距的原因时，不能简单地归结为员工个人原因，要从员工、主管及环境因素三个方面进行分析。

（3）制订并实施绩效改进计划

在确定绩效差距、分析产生绩效差距的原因后，就要制定相应的改进措施来缩小差距。在这一环节中，员工及其上级首先要确定改进目标，然后通过面谈沟通达成共识，一方面增加员工对绩效的承诺，另一方面保证双方的目标一致，消除对目标的误解和分歧。在确定目标后，双方要选择有效的改进方法，并列出具体的实施措施和行动计划。

三、以战略为导向的绩效管理体系

（一）基本假设

绩效管理涉及企业管理的各个方面，包括计划、组织、领导、人事、控制等，每个方面都会在很大程度上影响企业的绩效。很多时尚的管理概念都与绩效管理有着密切的关系，如企业文化建设、过程再造与组织变革、全面质量管理、目标管理等。

对于一个企业来说，应该从何处入手来建立企业的绩效管理体系？如何使绩效管理的思想通过一系列文件、流程变得"看得见摸得着"，最终融入管理活动之中并发挥力量？

绩效涉及面很广，从绩效管理的定义来看，在对绩效管理体系进行研究之前，应该建立如下基本假设。

第一，企业的价值观念是明确的，而且已经得到了所有员工的认同，员工的心智模式已经得到了文化的改造。

第二，企业的战略规划是明确清晰的。

第三，企业组织结构的设置是合理且高效的。

第四，企业具有足够的领导力去发动变革，而且各级管理者对于绩效管理的基本思想和理念都是理解的。

第五，企业已经建立了分层分类的人力资源管理体系，包括任职资格体系，以及与之相适应的薪酬福利制度、职业发展通道和晋升机制、培训制度等各项人力资源管理机制。

（二）绩效管理体系的构建思路

基于以上基本假设，从人力资源管理角度讲，要对一个企业进行绩效管理，我们需要回答下面这些问题：

第一，员工的绩效目标和计划应该如何来制订？

第二，目标制订清楚了，达成共识了，员工们就开始行动了。那么在执行过程中，管理者应该做什么？

第三，考核阶段，管理者分数应该怎么打？除了打分之外，还应该做什么？

第四，考核之后，考核结果如何应用？

第五，整个过程中，如何保证所做的一切能够改进员工的行为？

对于这些问题的探讨，可以从以下角度依次展开思考。

1.工作来源

在企业里面，每一位员工都干着不同的工作，并且非常忙碌，大家为什么要工作呢？这里，我们简单探讨一下工作的来源。概括地讲，工作主要来源于三个方面。

第一，来源于企业的战略。企业因为愿景而存在，为了实现愿景，就有了阶段性战略规划，进而有了组织分工，有了部门任务，有了员工的工作。

第二，来源于特殊事件。这些事件本身与企业战略没有直接的关系，而且一般都是短期的，但它们属于一种重要的工作来源。

第三，来源于企业必须进行的协调性工作。这些工作的目标就是降低企业的内部交易成本。

当然，后两者都是为前者服务的。因此可以说，每个员工的工作都来源于企业战略，只不过和战略的密切程度不一样而已。正是由于所有员工的工作都基于战略，才使这些工作对于企业而言有价值。

2.工作环节

如何才能将工作做好呢？概括地讲，任何一件工作都分为四个环节：计划、执行、监督和反馈。显然，如果这四个环节都能够做到位，工作就可以完成得很好。但需要注意，每一件工作都是一个系统，需要上述四个环节紧密配合，任何一个环节做得不好，都会出现短板，都会影响工作绩效。

（三）工作效果的衡量标准

怎么样才算将一件工作做好了？或者说，将工作做好的标准是什么？对这个问题的衡量标准要很明确，否则做好工作只是一句空话。工作做得好坏需要衡量，这就需要寻找衡量的标准，也就是通常所说的绩效指标。

由于一个组织之中（尤其是大型组织）有非常多的工作，因此绩效指标的设计是一件工作量非常大的事情。而且，随着企业的发展和战略的变化，工作在变化，工作的要求也在变化，绩效指标必然也随之变化，因此绩效指标应该处在一个动态的、不断修正的过程之中。任何一个指标的产生都是系统思考的结果。作为企业的一项基础性的管理工作，绩效指标的设计非常重要。

是否所有的工作都需要衡量？是不是时时都需要衡量？衡量工作本身也是工作，如果工作量太大，管理效率就会降低。这要求我们根据不同工作的性质确定合理的指标，确定合理的衡量时间。所谓合理，是指指标尽可能综合，用尽可能少的指标衡量尽可能多的工作。工作之间的逻辑关系、流程关系，使提取综合指标成为可能。

有了指标，才能给工作提出明确的要求，才能进行相对准确和公平的评价。而且，只有有了指标，才能进行有效的绩效监控，及时发现运营管理中存在的问题，为决策提供支持。考核者在完成目标的过程中，除了进行绩效监控之外，还应该是一个导师和服务者，在被考核者完成目标的过程中，为其提供必要的指导、帮助和支持。

指标和衡量方法是考核者和被考核者充分沟通、达成一致的结果，是双方的契约。对于绩效的评价，自然应该由考核者作出。这里，再次强调充分沟通达成一致的重要性，否则绩效评价将会成为考核者和被考核者的相互折磨。如果此前未能达成一致，双方的绩效契约就是无效的，根据一份无效契约进行绩效评价，评价结果就没有公平可言，自然也就没有员工的高绩效状态。考核者除了对绩效结果进行公平、公正的评价之外，更重要的是引导、帮助被考核者进行经验检讨，分析问题所在，并寻找解决问题的途径，同时对计划、目标进行审视和修正。

（四）战略绩效管理的流程

应该说，企业一切行为的目标都是实现企业的战略，企业战略是一切工作的出发点。绩效管理体系的构建是企业重要的基础管理工作，是一个不断完善和发展的动态过程，企业的各种管理实际上都是在自觉或者不自觉地完成该过程。建立绩效管理体系，首先，能使企业的战略目标在各级组织和员工中上下沟通、达成共识、层层分解和传递，引导全体员工为整体目标的实现和企业的可持续发展做出贡献；其次，通过持续的绩效管理循环，使企业每个员工都能够自觉有效地承担起各自的责任，按职业化要求尽职尽责地完成任务；再次，为薪资调整、绩效薪资发放、职务晋升等人事决策提供依据，激发员工士气，通过员工绩效评价和沟通反馈，为员工的绩效改进、培训计划制订提供参照；最后，能强化各级管理者指导、教育、帮助、约束与激励下属的责任，不断提升员工的价值。

四、绩效管理的应用——以国有企业为例

（一）员工层面的应用

1.实现物质与精神激励的结合

马斯洛的需求层次理论表明，人在满足低一层级需求的基础上，会有高一层级的需求。随着员工所处需求层级的变化，他所需要的激励也有所变化。对员工

来说，获得物质满足是其最基本的需求，这也是企业首先需要满足的。而在此基础上，若想进一步激发员工的工作积极性，为企业带来更多的效益，就必须从其他方面入手，实现物质激励和精神激励的结合。具体来说，企业制定科学的薪酬绩效方案，员工可以根据自己的能力、付出的劳动等得到相应水平的报酬，这就为员工带来竞争力较大的薪酬收入，实现物质激励。同时，企业对达到绩效管理目标的员工进行表扬、颁发奖励证书、提供其所需的培训交流机会等，也就是根据员工迫切需要或是想要的物质奖励以外的需求制定绩效方案，以实现对员工的精神激励。通过物质激励与精神激励的结合，能最大限度地激发员工的工作积极性和工作潜力，提升员工对企业的忠诚度。

2.实现个人价值

对员工来说，职业发展状况是其在工作过程中最为关心的，这关乎其个人价值的实现，并且影响员工的稳定性。不同员工对自身价值的定义不同，实现方式也有所差别。有些员工通过获得与自身能力相匹配的报酬实现个人价值，有些员工则通过扩大自己的影响力实现自身价值。如何有针对性地促进员工价值的实现是企业需要着重关注的。具体来说，绩效管理是一个闭环管理，它先行制订绩效管理计划，在执行过程中通过绩效辅导沟通了解计划执行情况、员工等对绩效计划的评价等，然后根据绩效考核结果分析绩效管理中存在的问题、需要改进的方面，最后根据分析结果进行绩效评估与反馈，也就是从上一次的绩效评价中了解到员工的想法，再以此为依据进行调整，以使其更有助于员工目标和价值的实现，在下一次的绩效管理中加以应用。这样就能够逐步帮助员工实现其个人价值。

（二）企业层面的应用

1.强化企业文化

企业文化是在员工和企业的日常行为中无形塑造起来的，能充分体现其行为方式和特质。由于企业所有的行为都是在其所形成的文化氛围中进行的，因此，其制定的制度规范、采取的管理方式等必然是与企业文化相适应的。具体来说，企业可以顺利采用和实施的绩效管理模式，肯定是与其企业文化相契合的。而员工的行为方式、思想观念等会以绩效管理的指标等为准则，也就是说，随着绩效管理的实施，员工行为方式、思想观念等会发生顺应企业文化的改变，这种大规模的员工改变能在很大程度上强化企业文化。

2.影响经济效益

经济效益的提升是企业始终追求的目标，也是企业适应经济发展、承担社会责任的基石。经济效益受到多方面的影响，而对经济效益产生正面影响是绩效管理在企业中的重要应用之一。一方面，科学的绩效管理模式能够提升企业对优秀人才的吸引力，包括留住现有人才、吸引外部人才等，而优秀人才代表着高工作能力，通过有效工作能很好地实现企业效益的提升。另一方面，科学的绩效管理方案能够将员工个人目标与企业总体目标统一起来，为实现个人目标，员工会积极工作，提升个人绩效，进而实现企业的总体目标，提升经济效益。也就是说，绩效管理可以将所有员工合成一股力量，为促进经济效益的提升不懈努力。

3.影响改革发展

绩效管理中最重要且核心的一部分就是薪酬管理，薪酬作为关乎员工切身利益的因素，能够对企业产生不可忽视的影响。同时，薪酬的支出也是企业成本的重要部分，因此，薪酬管理是企业管理中最为基础的环节。企业若想顺利实现改革，就必须把基础做好打牢，确保员工薪资绩效标准与岗位职责相一致。由此可见，绩效管理对改革发展的影响是其在企业中的重要应用之一。具体来说，绩效管理根据岗位性质、工作内容等方面制定出评价指标，并给出与之相适应的薪资水平。绩效管理方案如果足够科学，就能够极大地激发员工的工作热情，留住企业人员、资金稳定，为企业改革发展提供坚实的基础。若是管理方案存在漏洞，那么随着绩效管理的实施，企业会产生许多不必要的问题，妨碍改革的顺利推进，甚至带来不可挽回的损失，影响企业的发展。

第三章　人力资源管理的实践活动

人力资源不仅需要理论，也需要实践。如何招聘到合适的员工、如何进行有效的绩效管理、如何培训和发展员工及如何构建合理的薪酬体系，都是单位必须面对和解决的问题。

第一节　员工招聘与甄选

一、员工招聘

招聘是伴随着雇佣关系的产生而出现的一种管理活动。所谓"员工招聘"，是指在单位战略目标的指导下，根据组织人力资源规划和工作分析的数量与质量要求，通过适当的方式和渠道，吸引或寻找具备本组织空缺岗位任职资格和条件的求职者，并通过科学有效的选拔方法，筛选出适合的合格人才并予以聘用的科学化、规范化的过程。

（一）员工招聘的目的

员工招聘就是单位吸引应聘者并从中选拔、录用单位所需人才的过程。员工招聘的直接目的是获取单位需要的人才，除了这一目的外，员工招聘还有以下潜在目标。

1.树立单位形象

员工招聘过程是单位代表与应聘者直接接触的过程，在这一过程中，负责招聘者的工作能力、招聘过程中对单位的介绍、宣传材料、面试小组的组成、面试的程序及招聘或拒绝什么样的人等，都会成为应聘者评价单位的依据。员工招聘过程可能帮助单位树立良好形象，吸引更多的应聘者，也可能损害单位形象，使应聘者感到失望。

2.降低受雇佣者在短期内离开单位的可能性

单位不仅要能把人招来，更要能把人留住。能否留住受雇佣者，既要靠招聘后对人员的有效培养和管理，也要靠招聘过程中的有效选拔。那些认可单位的价值观，在单位中能找到适合自己兴趣与能力的岗位的人，在短期内离开单位的可能性比较小，这有赖于单位在招聘过程中对应聘者的准确评价。

3.履行单位的社会义务

单位的社会义务之一，就是提供就业岗位，员工招聘正是单位履行这一社会义务的过程。

（二）员工招聘的基本步骤

员工招聘和选拔工作是一个复杂、系统而又连续的程序化操作过程，涉及组织内部各用人部门及相关环节。因此，在员工招聘工作中，各部门及其管理者的协调显得十分重要。为了使员工招聘工作固定化、规范化，并保证其有序进行，单位应当严格按照一定流程组织员工招聘工作。员工招聘工作一般包括五个步骤：招聘决策、人员招募、人员甄选、人员录用和招聘评估。

1.招聘决策

招聘决策是单位在招聘工作正式开展前，在分析现有人力资源状况的基础上，对招聘工作的具体行动进行计划的过程。制订招聘计划是用人单位根据部门的发展需要及人力资源规划的人力净需求、职务说明的具体要求，对招聘的岗位、人员数量、时间限制等因素做出的详细计划。

2.人员招募

人员招募是指根据组织需求确定的用人条件和标准，通过适宜的招聘渠道发布招聘信息，采用科学的招聘方法，吸引合格的应聘者，最大限度地聘用理想的职位候选人的过程。

3.人员甄选

人员甄选是指组织通过一定的手段，对应聘者进行区分、评估，并最终选择哪些人被允许加入组织，哪些人将被淘汰的一个过程。这一过程包括两个方面的内容：一是甄选的客观标准和依据，二是人员甄选技术的选择和使用。

人员的甄选过程一般分成初选和精选两个阶段。初选阶段主要由人力资源部进行，它包括求职者背景和资格的审查及初步面试；精选阶段一般由人力资源部和用人部门的负责人协商决策，包括各种测试（心理测试、技能测试、第二次面试）、选拔决策、体检和试用。

4.人员录用

这一阶段往往包括试用合同的签订、员工的初始安排、试用、初步的岗前培训、试用期评价及做出正式聘用决策，并与新员工签订正式合同。

5.招聘评估

一个完整的招聘过程最后应有一个评估阶段，招聘评估是员工招聘过程中重要的环节之一，包括两个方面的内容：一是对招聘结果的评估，二是对录用人员的评估。

二、人员甄选的内容及程序

对于任何组织，尤其是以人才为核心竞争力的知识型组织来说，选择合适的组织成员对组织的生存能力、适应能力和发展能力，都会产生重要影响。因此，组织者有必要在招募到大量候选人的前提下，采用审慎适当的甄选方法，从中挑选最合适的组织成员。

（一）人员甄选的内容

候选人的任职资格和对工作的胜任程度主要取决于其所掌握的与工作相关的知识、能力、个性和动力等因素。因此，人员甄选是对候选人的这几方面因素进行测量和评价。

1.知识

知识是系统化的信息，可分为普通知识和专业知识。普通知识即常识；而专业知识是指特定职位要求的特定知识，如国家公务员要掌握行政管理、国家方针政策及相关法律法规等专业知识。在人员甄选过程中，专业知识通常占主要地位。知识的掌握可分为记忆、理解和应用三个不同的层次，会应用所学的知识才是单位真正需要的。因此，人员甄选时不应仅以文凭为依据判断候选人掌握知识的程度，还应通过笔试、测试等多种方式对候选人进行考察。

2.能力

能力是引起个体绩效差异的持久性个人心理特征。例如，是否具有良好的语言表达能力是导致教师工作绩效差异的重要原因。将能力通常分为一般能力与特殊能力。一般能力是指在不同活动中表现出来的一些共同能力，如记忆能力、想象能力、思维能力、操作能力等。这些能力是我们完成任何一种工作都不可或缺的。特殊能力是指在某些特殊活动中表现出来的能力，如设计师需要具有良好的空间知觉能力及色彩辨别能力，管理者应具有较强的人际交往能力、分析能力等。

3.个性

个性是指人的一组相对稳定的特征，这些特征决定着特定的个人在各种不同情况下的行为表现。个性与工作绩效密切相关。例如，性格急躁的人不适合做需要耐心的精细工作；而性格内向、不擅长与人打交道的人不适合做公关工作。个性特征常采用自陈式量表或投射测量方式来衡量。

4.动力

员工要取得良好的工作绩效，不仅取决于知识、能力水平，还取决于其做好这项工作的意愿是否强烈，即是否有足够的动力促使员工努力工作。员工的工作动力来自单位的激励系统，但这套系统是否起作用，最终取决于员工的需求结构，不同的个体需求结构是不同的。在动力因素中，最重要的是价值观，即人们关于目标和信仰的观念。具有不同价值观的员工对不同单位文化的相融程度不一样，单位的激励系统对他们的作用效果也不一样。所以，单位在招聘员工时有必要对应聘者的价值观等动力因素进行鉴别测试。

（二）人员甄选的程序

完成招募阶段的工作后，就要进入甄选环节。甄选环节主要由初步面试、评价申请表、人员素质测评、审查证明材料、背景调查及体格检查六个工作阶段组成。在人员素质测评阶段，组织会根据招聘的职位特点、任职资格、甄选的技术、时间和费用等情况对人员素质测评需要采用的具体方法和手段进行决策。人员甄选的具体流程如下。

1.接见申请人

若申请人基本符合应征空缺岗位的资格条件，就予以登记，并发给岗位申请表。

2.填写申请表

（1）申请表的内容

申请表包括以下内容。①申请岗位名称。②个人基本情况。包括姓名、性别、住址、电话、出生年月、籍贯、婚姻状况、家庭人口、住房情况等。③学历及专业培训。包括就读或专业培训的学校名称、毕业时间、主修专业、证书或学位等。④就业记录。包括就业单位名称、地址、就业岗位、工资待遇、任期、职责摘要、离职原因等。⑤证明人。包括证明人姓名、工作单位、电话等。

（2）申请表填写要求

申请表要求包括以下内容。①必须是能测试应征者未来工作表现优劣的有关内容。例如，在一般情况下，已婚者多比未婚者的工作表现好，而且已婚者、拥有住房者和年龄较大者更具有工作稳定性。②应当尽量避免与工作无关的私人问题。例如，申请表中不应询问应征者的宗教信仰、政治面貌等与工作表现无直接关联的私人信息。因此，设计岗位申请表和制定招聘决策时，应谨慎处理这些问题，确保招聘过程的公正性和合法性。

3.初步面试

初步面试一般由人力资源部门面试工作人员与应征者进行短时间的面谈，以观察和了解应征者的外表、谈吐、气质、教育水平、工作经验、技能和兴趣等。如果应征者不符合空缺岗位所需的资格条件则予以淘汰；如果大致符合，则通知其进入下一流程。

4.测验

通过测验，可以进一步客观地判断应聘者的能力、学识和经验，作为正确做出招聘决策的依据。传统的测验最常用的是知识性笔试和实际操作，在现代测验中则主要采取人员素质测评的方法。

5.深入面谈

应征者测验合格后，由面试工作人员与应征者再进行一次深入的面谈，以观察和了解应征者的态度、进取心、适应能力、人际关系能力、应变能力及领导能力等。如果上一步"测验"程序中已采用人员素质测评技术，本程序可省略。

6.审查背景和资格

对上述程序筛选合格的应征者，要进一步进行背景及资格的审查。这种审查的具体内容包括应聘者的品行、学历和工作经验等。审查的方法是对学历和资格的证明文件，如对毕业证书、职业资格证书、专业职务资格（职称）证书等进行审核，也可以查阅人事档案，或向应征者以前的学习或工作单位进行调查。

7.录用决策

一般情况下，人力资源部门在完成上述初选程序后，把候选人名单交至具体用人部门，由该部门主管考虑决定是否录用。人力资源部门可以对用人部门的选择决策提供具体资料和提出参考意见。

8.体格检查

在用人单位决定录用应聘者以后，要对其进行体检。通过体检判断应聘者在体能方面是否符合岗位工作的要求。对体检合格者，正式发出录用通知书。

9.安排工作岗位

经过上述程序，被录用者报到后，用人单位将其安置在相应的空缺岗位上。为观察新进员工与岗位的适应程度，组织对新员工都有一定的试用期，试用期长短视工作性质和工作复杂程度而定。试用期满，经考核合格，用人单位对新进员工的工作满意，则正式给予转正和任用。

应当指出，上述程序不是绝对的。由于各组织的规模不同，招聘岗位的要求不同，所采用的甄选程序也会不同。

第二节 绩效管理与考核

一、绩效管理概述

（一）绩效管理的概念界定

所谓"绩效管理"，就是指组织为了有效地达到组织目标，由专门的绩效管理人员运用人力资源管理的理论、技术和方法与员工共同制订绩效计划，通过绩效辅导沟通实施绩效计划，依据绩效评估来检测绩效计划实施的效果，根据绩效评估结果提出绩效改进计划，使个人、部门和组织的绩效不断改善和提升的持续循环过程。

一般而言，绩效管理可分为个人绩效管理、部门绩效管理和组织绩效管理，但是因为部门绩效、组织绩效都与组织成员个人绩效密切相关，所以绩效管理的直接目的是提升个人绩效水平，间接目的和最终目的是提高组织绩效。因此，通常情况下，绩效管理主要是指个人绩效管理，即员工绩效管理。

（二）绩效管理的作用

1.有利于提高员工工作绩效

绩效管理的各个环节都是为提高工作绩效这个目的服务的，绩效管理的目的不是把员工的绩效分出高低，或仅为奖惩措施寻找依据，而是针对员工工作过程中存在的问题，采取恰当的措施来提高员工的绩效，从而保证组织目标的实现。由此可见，绩效管理是提高员工绩效的有力工具。

2.有利于提升单位绩效

单位绩效是以员工个人绩效为基础而形成的，有效的绩效管理系统可以改善员工的工作绩效，进而有助于提高单位的整体绩效。

3.有利于保证员工努力方向和单位目标一致

近年来的研究表明，单位绩效与员工努力的关系非常复杂，单位绩效和员工努力之间有一个关键的中间变量，即努力方向与单位目标的一致性。如果员工努力程度较高，但是努力方向与单位目标相反，那么单位绩效不仅不会增加，反而还会降低。

保证员工努力方向与单位目标一致的一个重要途径就是绩效管理。绩效考核指标对员工的行为具有导向作用，通过设定与单位目标一致的考核指标，就可以将员工的努力方向引导到单位目标上来。

4.有利于促进员工能力的开发

通过绩效沟通和绩效评价，不仅可以发现员工在工作过程中存在的问题，还可以通过有针对性的培训措施及时加以弥补。更重要的是，通过绩效管理可以了解员工的潜力，从而为人事调整及员工的职业发展提供依据，以达到把最合适的人放到最合适的岗位上的目的。

5.有利于提高员工的满意度

员工的满意度与员工的需求是联系在一起的，按照马斯洛的需求层次理论，每个员工都有获得内在尊重和自我实现的需求。绩效管理可以从两个方面满足这种需求，提高员工的满意度。首先，通过有效的绩效管理，员工的工作绩效能够不断提高，这可以提高他们的成就感，从而满足他们自我实现的需求；其次，通过完善的绩效管理，员工不仅可以参与管理过程，而且可以得到绩效的反馈信息，这使他们感到自己在单位中受到了重视，从而满足他们获得尊重的需求。由此可见，绩效管理有利于提高员工的满意度。

二、绩效管理的基本流程

人们往往把绩效管理等同于绩效考核，认为绩效管理就是绩效考核，二者并没有什么区别。但实际上，绩效考核只是绩效管理的一个组成部分，代表不了绩效管理的全部内容。

完整的绩效管理是一个循环过程，是由绩效计划、绩效实施与辅导、绩效考核和绩效反馈四个环节构成的一个首尾相连的循环过程。

（一）绩效计划

绩效计划是整个绩效管理过程的开始，这一阶段主要是完成制订绩效计划的任务，也就是通过上级和员工的共同讨论，确定员工的绩效考核目标和绩效考核周期。

（二）绩效实施与辅导

绩效管理的根本目的是通过改善员工的绩效来提高单位的整体绩效，只有每个员工都实现了各自的绩效目标，单位的整体绩效目标才能实现。因此，在确定了绩效目标后，管理人员还应当帮助员工实现这一目标。

绩效实施与辅导是指在制订绩效计划之后的工作过程中，管理人员要对员工的工作进行指导和监督，及时解决发现的问题，并根据实际情况及时对绩效计划进行调整。

1.与员工持续沟通

在绩效实施与辅导的过程中，沟通是绩效辅导工作的主要内容，绩效辅导就是通过管理人员与员工的绩效沟通来实现的。因此，无论从员工的角度还是从管理人员的角度，都需要在绩效实施与辅导的过程中进行持续不断的沟通。

2.绩效辅导

在绩效实施与辅导阶段，辅导主要由管理人员通过持续的沟通，帮助员工改善个体知识、技能和态度。好的辅导是一个学习过程，而不是一个教育过程。管理人员应对员工的学习过程给予支持。

3.收集绩效信息

在绩效实施与辅导阶段，管理人员需要观察和记录员工的绩效表现，并收集必要的信息。这些记录和收集到的信息，一方面可以为绩效考核提供客观的事实依据，有助于对员工的绩效进行更客观的评价；另一方面可以发现员工需要进一步改进的地方，不断提升员工的能力水平。

（三）绩效考核

在绩效管理周期结束时，根据事先制订的绩效计划，对员工的绩效目标实际完成情况进行评价，是绩效考核阶段的主要工作。

　　绩效考核的依据是在绩效计划阶段由管理人员和员工共同制定的关键绩效指标。同时，在绩效辅导期间收集的能够说明员工绩效表现的事实和数据，可作为判断员工是否达到关键绩效指标的事实依据。绩效考核的时间安排可根据具体情况和实际需要进行月考核、季考核、半年考核和年度考核。

　　在设计和选择绩效考核方法与指标时，可以根据被考核对象的性质和特点，分别采用特征性、行为性和结果性三大类指标，对考核对象进行全面的考核。绩效考核采用的指标不同，考核的内容也不一样。具体来说，绩效考核可以分为品质主导型、行为主导型和结果主导型三种。

　　1.品质主导型

　　品质主导型的绩效考核采用特征性指标，以考核员工的潜质为主，着眼于"这个人怎么样"，重点考察员工是具有何种潜质（如心理品质和能力素质）的人。

　　品质主导型的考核涉及员工信念、价值观、动机、忠诚度、诚信度，以及一系列能力素质，如领导能力、人际沟通能力、组织协调能力、理解能力、判断能力、创新能力、改善能力、策划能力、研究能力和计划能力等。

　　2.行为主导型

　　行为主导型的绩效考核采用行为性指标，以考核员工的工作行为为主，着眼于"做什么""如何去做"，重点考查员工的工作方式和工作行为。行为主导型的考核重在工作过程而非工作结果，考核的标准较容易确定，操作性较强，因此行为主导型的绩效考核适用于对管理性、事务性工作进行考核，对人际接触和交往频繁的工作岗位尤其重要。例如，商业大厦的服务员应保持愉悦的笑容和友善的态度，其日常工作行为对单位的影响很大，因此要重点考核其日常行为表现。

　　3.结果主导型

　　结果主导型的绩效考核采用结果性指标，以考核员工或组织工作效果为主，着眼于"做得怎么样"，重点考查"员工提供了何种服务，完成了哪些工作任务或生产了哪些产品"。结果主导型的考核注重的是员工或团队的产出和贡献，即工作业绩，而不是员工和组织的行为与工作过程，考核的标准容易确定，操作性很强。但结果主导型的考核方法具有滞后性、短期性和表现性等特点，因此更适合考核生产性、操作性及工作成果可以计量的工作岗位，不太适合对事务性工作岗位人员进行考核。

　　一般来说，结果主导型的绩效考核，首先是为员工设定一个衡量工作成果的标准，然后将员工的工作结果与标准对照。工作标准是计量检验工作成果的关键，一般应包括工作内容和工作质量两个方面的指标。

　　在实践中，品质主导型的考核需要使用忠诚、可靠、主动、创造性、自信心及合作精神等定性的形容词，因而很难具体掌握，并且考核的操作性及信度和效度较差，所以单位多采用行为主导型、结果主导型及综合型的绩效考核方法。

（四）绩效反馈

　　绩效反馈是绩效管理流程中不可或缺的部分。绩效考核结束后，管理人员需要与员工进行一次甚至多次面对面的交谈。通过绩效反馈的面谈，使员工了解管理人员对自己的期望，了解自己的绩效，认识到自己有待改进之处。员工可以提出自己在完成绩效目标中遇到的困难，请求上级的指导或帮助。在员工和管理人员对绩效考核结果与改进点达成一致后，管理人员和员工需要确定下一个绩效管理周期的绩效目标和改进点，从而开始新一轮的绩效管理周期。

　　1.绩效反馈的准备工作

　　为了确保绩效反馈达到预期目的，管理人员和员工都需要做好充分的准备工作。

　　对于管理人员来说，应做好以下几个方面的准备：第一，选择适当的面谈主持者；第二，选择适当的面谈时间和地点；第三，熟悉面谈者的相关资料；第四，计划好面谈的流程和进度。通过这些准备工作，提高反馈面谈的质量和效果。

　　对于员工来说，也应该做好相应的准备：首先，重新回顾自己在绩效管理周期内的行为态度与业绩，收集和准备好相关绩效的证明数据材料；其次，对自己的职业发展有一个初步的规划，正视自己的优缺点；最后，总结并准备好在工作过程中遇到的疑难问题，及时反馈给管理人员，请求组织的理解和帮助。

　　2.绩效反馈的内容

　　绩效反馈的内容应围绕员工上一个绩效管理周期的工作开展，主要讨论员工工作目标的完成情况，并帮助其分析工作成功与失败的原因及下一步的努力方向，同时提出解决问题的意见和建议，争取员工的认可和接受。面谈中应注意倾听员工的心声，并对涉及的客观因素表示理解和同情，对敏感问题的讨论应集中在缺点上，而不应集中在个人上，要最大限度地维护员工的自尊，使员工保持积极的情绪，从而使面谈达到增进信任、促进工作的目的。

为了将面谈结果有效地运用到员工的工作实践当中，在面谈结束后，要对面谈信息进行全面的汇总记录，如实地反映员工的情况，同时绘制出员工发展进步表，帮助员工全面了解自己的发展情况，从而制订员工教育、培养和发展计划，帮助员工找到提高绩效的对策。

3.绩效反馈应注意的问题

一是绩效反馈应当及时。在绩效考核结束后，上级应当立即就绩效考核的结果向员工进行反馈。绩效管理的目的是指出员工在工作中存在的问题，从而有利于他们在以后的工作中加以改进，如果反馈滞后，员工在下一个考核周期内还会出现同样的问题，那么就达不到绩效管理的目的。

二是绩效反馈要指出具体的问题。绩效反馈是为了让员工知道自己到底什么地方存在不足，反馈时要告诉员工绩效考核的结果，并指出员工具体存在的问题。

三是绩效反馈要指出问题出现的原因。在指出员工存在的问题同时，还应当和员工一起找出造成这些问题的原因，并有针对性地制订改进计划，帮助员工确定目标，并提出实现这些目标的措施和建议。

四是绩效反馈不能针对员工本人。在反馈过程中，针对的只能是员工的工作绩效而不能是员工本人，否则容易伤害员工，使员工出现抵触情绪，影响反馈的效果。

五是注意绩效反馈时说话的技巧。由于绩效反馈是面谈，因此说话的技巧会影响到反馈的效果。在进行反馈时，首先，要消除员工的紧张情绪，营造融洽的谈话气氛；其次，在反馈的过程中，管理人员应该以正面鼓励为主，不指责、不批评、不评价员工的个性与习惯，同时语气要平和，不能引起员工的反感；再次，要给员工说话的机会，允许他们解释，绩效反馈是一种沟通，而不是指责员工；最后，控制好面谈的时间，一般控制在20～40分钟为宜，该结束的时候要结束，否则就是浪费时间。

三、绩效考核的应用

绩效考核的应用包括两个层次的内容：一是直接根据绩效考核的结果做出相应的奖惩决策；二是对绩效考核的结果进行分析，为人力资源管理其他职能的实现提供指导或依据。单位应当根据员工绩效考核结果给予他们相应的奖励或惩罚。具体来说，可以应用在以下几个方面。

（一）绩效改进计划

绩效考核给员工带来的信息会使员工真正认识到自己的缺点和优势，从而积极主动地改进工作。因此，绩效改进工作的成功与否，是绩效考核是否发挥效用的关键。

（二）人力资源规划

绩效考核的结果可以为组织提供总体人力资源质量优劣的准确情况，获得所有员工晋升和发展潜力的数据，以便为组织的未来发展制定人力资源规划。

（三）薪酬管理

1.确定绩效工资

绩效工资的确定是以绩效考核结果为依据的，通过对员工绩效成绩的强制分布，使员工的绩效成绩纳入一定的评价等级，每个等级都与一定的考核系数挂钩。绩效工资的计算公式为：

个人年度绩效工资 = 单位绩效工资 × 个人绩效调整系数 × 个人绩效考核系数

2.工资调整

绩效考核应用于工资调整主要表现在两个方面：一是用于年度工资额的调整，即对考核结果较差的员工，出现负向的绩效，下调其下一年度的工资，如扣减其下一年度工资额的5%等；二是工资的定期调级，即依据年度的考核结果，决定工资是否调级及调级的幅度，如年度考核为A等，则下一年度加一级工资。

（四）晋升调配

连续的考核结果为职务晋升和干部选拔提供了依据，通过对员工在一定时期连续绩效的分析，选择连续绩效比较好且稳定的人员纳入调配或晋升名单。通过分析考核结果，可以发现员工工作表现与其职位要求的不匹配问题，查找原因并及时进行调配，真正做到职位匹配。

（五）培训教育

通过分析考核结果，发现员工群体或个体与组织要求的差距，从而及时组织相关的培训活动。在工作态度上落后的员工，须参加单位适应性再培训；能力不足的员工，可组织有针对性的知识和技能培训，提高其工作能力。

（六）个人发展计划

通过绩效考核，可以了解员工的能力和潜力，并据此制订发展计划。对单位来说，绩效考核可以促进人才的合理流动和配置，并储备领导人的后备力量；对管理人员来说，绩效考核有助于找到理想的助手，管理和发展好员工；对员工而言，在组织目标的引导下，员工不断提高工作能力，开发自身潜能，不仅有助于个人职业目标的实现，还有助于个人职业生涯的发展。

第三节　员工培训与开发

一、员工培训概述

从20世纪90年代开始，人力资源管理关注的焦点发生了根本性的变化，从以往对抽象的功绩维持转向了对最大限度地提高生产力和服务质量可以测量的产出结果的重视。组织要想在不断变化的外部世界中寻求持续发展的能力，就要对员工的知识和技能提出更高的要求，并期望他们可以更积极、高效地应对挑战。与此同时，随着技术的飞速发展，人们的知识、技能更新速度不断加快，今天拥有的知识，明天就有可能过时。因此，组织必须不断更新其拥有的人力资源。

对于组织而言，最常用的办法就是招聘新员工，以获取相应的知识和能力，但这并不是最好的办法。一方面，因为受到成本的制约，外延式的人力资源扩张会使管理成本不断提升；另一方面，不利于组织结构的稳定和组织认同。而人力资源内涵式的扩张——培训和开发，不仅可以避免上述问题，还可以解除环境变化对组织的压力，有助于员工明确自己的任务、职责和目标，提高知识和技能，在最大限度地实现自身价值的同时，也促进了组织利益的实现。因此，员工开发和培训成为人力资源管理的重要环节，是人力资源投资的主要形式。

（一）员工培训与开发的含义

人力资源的培训与开发是指针对组织中各类人员结合工作岗位所需要的知识、技能、理念、素养或素质，乃至岗位规范、职业发展等开展的一系列学习、提升、发展活动。

每个组织都会而且必须在开发员工方面投入时间和金钱。不同的组织，在不同程度上以不同的形式实现这一功能。在一个将雇员看作资产的组织中，培训与开发与其说是一项成本，不如说是一项投资，培训被认为是组织增加人力资本存量的基本方式，是组织完成其工作任务不可或缺的环节。

目前对于组织员工开发活动的定义涉及三个方面的内容：培训、教育和开发。三个方面最大的区别在于时间的连续性。培训是为现职的责任和义务而提供的学习，这种学习多数集中在技能的建构上，并以此增进或改善个人的观念、态度、想法及行为的自我意识等。所有的这些学习内容都以在员工绩效管理领域中增强员工完成现有职责能力为目的。教育更多具有未来的导向性。它包括技能构建，但更主要的是强调学习那些在不同岗位上通用的东西，以及使个体为迎接新工作职责和挑战做准备。人员开发也有未来的导向性，但这一特征相对于教育而言比较模糊，它的重点放在使员工为今后可能的变动做好准备，以迎接未来可能出现的未知问题。虽然技能构建是开发的一个重要组成部分，但它更加强调同组织价值及变化相一致的员工态度和知识构建。此外，个人素质、自我意识、变化管理、战略性规模、建立未来愿景也是开发的重点内容。

从本质上来讲，这三种类型的开发活动都是组织为了实现自身目标和员工个人发展的需要，有计划地进行的培养和训练，使员工的各项素质技能得以不断提升的制度化人力资源管理组织活动。因此，在现实管理中，我们并没有对此加以细分，而是采用了通用的说法——培训与开发。事实上，许多组织的培训活动都会涉及当前工作和未来发展两个方面。从这个意义上来看，在人力资源管理工作中的培训至少应该包括以下几个要点。

第一，培训的直接目的在于提高员工的素质或技能，使之更加适应和胜任工作需要。员工绩效在很大程度上由员工素质决定，这种素质包括员工与工作相关的知识、技艺、能力、态度，培训的最基本的目的就在于不断提高员工的素质，使他们的工作能力能够与组织岗位要求相适配。

第二，培训的最终目的在于组织和员工个人双重发展目标的实现。正如现代人力资源管理理论确定的那样，组织成员在为组织做出贡献的同时，组织也要促进员工自身价值的实现。有效的培训活动不仅能促进组织目标的实现，而且能提高员工的职业能力，拓展其发展空间，促进其职业生涯的实现。

第三，培训是一项涉及全体员工的、系统的、制度化的组织管理活动。培训既是组织发展的需要，也是员工发展的权利，因此不管是何种层次、何种职位的员工都应纳入培训体系。因为在人力资源管理过程中，培训与其他活动紧密联系，并服务和支持其他活动，从而共同促进组织战略的实现，所以培训不应是随意的或是一次性的活动，而应是一种组织制度。另外，培训本身涉及的内容广泛、对象不同、方法各异，每次培训都必须确定特定的目标、提供适当的资源条件，选择科学的培训方法，使培训成为一项有针对性、有步骤、有计划的系统管理行为。

（二）员工培训的基本内容

组织目标的实现有赖于员工的创造性和竞争力。在现代不断发展变化的社会、经济和文化环境中，要使组织充满活力，富于竞争，员工的素质就必须与环境要求相适应。因此，培训的内容应着重于员工素质的提升，这不仅包括员工的知识、技能，还包括员工与组织文化相适应的态度，三者缺一不可。

具体来说，员工的培训至少应该有如下几个方面的内容。

第一，思想理论培训。思想理论培训是员工培训的首要内容。思想理论培训的内容应该包括两个基本的方面：一是党的指导思想，员工必须认真学习领会，并以此来指导自己的工作实践；二是党和国家有关的路线、方针和政策法规的培训。

第二，知识培训。知识既是人力资源素质的主要组成部分，又是组织培训的主要内容之一。对于员工来讲，知识培训的目的在于令其具备完成本职工作所需的各项基本知识。因此知识培训的内容既应包括各类人员均须具备的基础理论知识，如法学、管理学等，还应包括与工作领域相关的各类专业知识，如行政部门学习的行政管理、人事部门学习的人事管理学等。

第三，技能培训。培训员工从事本职工作需要掌握的业务、组织沟通等技能。员工履行职责，不仅需要理论，而且需要专业知识和专业技能，如公文写作的技能、社会调查方法的掌握、人际关系的处理、谈判交往的技巧、计算机和自动办公系统的操作等。

第四，态度培训。员工的态度是关系到组织绩效的至关重要的因素。组织与员工之间相互信任的关系、员工对组织的忠诚及建立在忠诚和信任基础上的团队意识，这些事关员工态度的成果并不是从一开始就存在的，而是需要在长期的工作中培养，需要通过培训的着力引导。态度培训可以使员工明确组织希望他们以何种姿态出现，促使其行动与组织目标更接近。

二、人员培训的方法

（一）课堂讲授法

课堂讲授法一般指培训者在课堂上向受训者进行知识和技能等的讲解。课堂讲授法通常辅之以问答、讨论或案例研究等传授方式。尽管近些年交互式技术和多媒体技术之类的新方法不断涌现，但目前，课堂讲授法仍然占有十分重要的地位。课堂讲授法是一种成本低、耗时少、接受群体相对较大的传统方法。课堂讲授法通常以培训者为中心，所传授知识的性质、知识重点、供给量和速度等均取决于培训者。受训者在课堂上相对处于被动地位，因其与培训者的相互交流较少，培训者得到的反馈信息也较少，因此，培训效果往往受到一定影响。长期以来，课堂讲授法受到诸多批评和指责，其中最主要的批评包括两个方面：一是课堂讲授法是一种信息单向流动的方法，受训者经常处于被动接收信息的位置，容易产生无聊和厌学情绪；二是课堂讲授法往往难以达成受训者之间经验或思想的交流与分享。要修正传统课堂讲授法的不足，就必须在增强受训者学习主动性上下功夫，在辅以问答、课堂上与课堂后练习、讨论、案例分析等培训方法的同时，引导受训者思考和提问，提高受训者学习的积极性和主动性。

（二）研讨法

研讨法也称"讨论法"，是培训者组织受训者围绕某一问题或就某一材料进行讨论和交流的方法。研讨法既可以培训者为中心，也可以受训者为中心。在员工培训活动中，研讨法能否成功实施主要取决于培训者能否将受训者的积极性和主动性充分调动起来。研讨法往往以受训者对研讨问题和背景材料的较深刻理解为前提。在运用研讨法进行培训时，关键是培训者通过什么样的方法和技巧来激发受训者参与研讨的主动性和积极性，同时尽可能多地为受训者提供阐述自己观点和看法的机会。

为保证研讨计划的成功，培训者应当考虑以下几个方面的问题。①制订科学的研讨计划，明确研讨目标、具体内容，并事先设计好研讨的方式和主要问题。②把好研讨开头关，这是至关重要的一步。做得好，受训者很快就能进入角色，并参与研讨；做得不好，研讨就很难进行。③注意倾听受训者的观点，并注意对其提出的观点进行适当调整和把握。④适当控制研讨信息和时间进度，处理好研讨中出现的问题。⑤对研讨进行总结，并提出反馈性意见和建议，引导受训者做进一步思考。研讨法的形式多样，常见的有演讲讨论法、小组讨论法、集体讨论法、系列讨论法、攻关小组法、沙龙式方法等，每种形式都有其优势和不足，培训者应结合培训内容有针对性地选择。

（三）角色扮演法

角色扮演法指让受训者亲自扮演事先设定好的情境中的具体角色，使之身临其境地处理其中发生的矛盾和问题的方法。角色扮演与情景模拟有相似之处，但也有区别。区别是受训者可获得的反应类型及背景情况的详尽程度不同。角色扮演所提供的背景信息相对有限，而情景模拟则详细得多。情景模拟注重物理反应，如打电话、发出指令等；角色扮演则注重人际关系反应，如解决矛盾冲突等。在情景模拟中，受训者的反应结果取决于模型的仿真程度；在角色扮演中，受训者的反应结果则取决于受训者的情感或主观反应。

角色扮演法的优点有：第一，受训者间的互动性及其行为表现性比较强；第二，有助于受训者学会换位思考；第三，能够重塑或改变受训者的态度和行为；第四，有利于角色扮演者想象力的发挥。角色扮演法的缺点有：第一，角色扮演者从背景数据中获得的信息较少，不利于其正确参与；第二，角色扮演者的主观反应可能影响角色扮演的培训效果；第三，不适用于培养团队精神类的培训；第四，角色扮演中的角色行为相对固定，一定程度上限制了受训者的创新行为。综上所述，角色扮演法的关键是角色和情境的设计与创造，如果角色和情境设计不好就会直接影响培训效果，甚至事与愿违。

（四）案例分析法

案例分析法是根据一定的学习目标和培训目标，将生活中实际发生的或根据生活和工作情境编写的事件典型化后供受训者进行有针对性的思考和分析，通过独立研究和相互讨论来提高受训者分析与解决问题能力的一种方法。案例分析法是单位培训活动中常用的方法之一。案例分析法的关键是案例的选择或编写，一个好的案例通常包括的基本构件：事件发生的背景资料、时间、人物关系；事件的典型性及能够引发人们思考和争论的问题；相对独立和完整的情节，案例结构合理、语言流畅。

案例分析法的优点有三点：①能够调动受训者的主动性；②能够引发受训者的争论，集思广益；③能够培养和训练受训者分析与解决实际问题的能力。

案例分析法的缺点有四点：①案例中提供的情境可能与受训者在现实中遇到的问题有一定甚至较大出入；②选择和编写一个好的案例不仅需要投入较大的人力、物力、财力和时间，而且对编写者有一定的技能和经验要求；③案例分析法一般要耗费较多的时间；④案例分析法比较注重过去发生的事件，对受训者思维能力的培养有一定的局限性。另外，在使用案例进行培训或教学时，培训者往往倾向于控制讨论向他所期望的方向发展，受训者往往也不习惯阅读长篇案例。克服案例分析法缺点的办法有五点：①尽可能选择与培训目标一致的案例；②受训者在进行案例分析时必须做好充分准备；③案例分析应无标准答案；④在案例分析时，培训者应始终保持中立态度；⑤在案例讨论结束后，应随时做好总结和归纳工作。

（五）情景模拟法

情景模拟也称"仿真模拟"，指对现实的工作情境或环境进行模拟的一种培训方法。这种方法需要向受训者提供与工作情境相同或类似的仪器设备、器材及其他相关的内容和环境。受训者进入模拟的工作情境后，通过对相关仪器设备及其他器材的操作可学到实际工作中需要的知识、技能和能力，从而达到培训的效果，如宇航员在实际飞行前接受的情景模拟训练。情景模拟法的优点有三点：①可以有效避免实际操作中的风险和损失，降低实际工作的成本；②增强受训者在实际工作中的信心；③能有效缩短受训者与岗位的磨合期。情景模拟法的缺点是模拟环境和设施的开发成本较高，且需要不断更新。

（六）行为示范法

行为示范法是指向受训者示范关键行为，并为他们提供实践这种关键行为机会的一种培训方法。行为示范法比较适合与行为有关的技能性培训或行为学习，如人际技能培训、操作性技能培训等。行为示范法是一种程序化的培训活动，包括介绍与演示、技能准备、实际操作和应用三个步骤。行为示范法的关键是准确地定义关键行为。行为示范法的优点：培训内容是根据受训者在实际工作环境中将会遇到的情境设计的，可以让受训者短期内学会某种技能或技巧，并运用到实际工作中去。行为示范法的缺点：可能使受训者机械地模仿所学关键行为，在实际运用中的灵活性较差。

（七）管理游戏法

管理游戏法是两个或两个以上的受训者在遵守一定规则的前提下进行相互竞争或相互合作以达成某项目标，进而训练受训者收集信息、发现和提出问题并分析和解决问题的一种方法。游戏的趣味性和竞争性常常能激发受训者的兴趣和内在主动性，加之管理游戏法强调对受训者解决问题和决策能力的训练，因而被广泛应用于管理性培训中。

管理游戏法的优点：①能较好地激发受训者的积极性和主动性；②能充分发

挥受训者的想象力，在改变受训者认知、态度和行为方面有良好效果；③有利于培养团队精神；④有利于受训者将所学知识、技能和能力与直观、复杂的情境相结合，加深印象。管理游戏法的缺点表现在：①由于游戏往往将现实简单化，因此会影响受训者对现实的真实理解；②游戏与现实的差距可能导致参与者随意决策，造成受训者缺乏责任心等问题；③耗时较多；④多数管理游戏都比较注重结果性指标而相对忽视对达成这些结果的手段训练。

（八）拓展性训练

拓展性训练又称"极限训练"，是培训者设计出许多模拟的惊险情境或极限训练方案，让受训者参与其中，以训练受训者的耐受力与团队合作意识。心理极限挑战对受训者优良人格的培养具有十分重要的现实意义，受训者可以从中获得战胜自我的勇气和能力，深刻理解团队合作的重要意义。

人员培训方法多种多样，且各种方法有不同的适用范围、侧重点及对时间和经费的要求，所以选择合适、有效的培训方法很重要。在选择培训方法时我们应该注意以下几个方面：首先，在选择培训方法时要把对培训目标的考量放在第一位；其次，要根据受训者的不同特点来决定采取哪种培训方法；再次，应根据单位的培训经费进行选择；最后，在选择培训方法时，培训组织者要考虑不同培训方法的优缺点、使用范围和效果等因素。

三、员工培训的组织与管理

培训工作在现代社会各类组织中越来越趋向专业化和职业化，随着人们对员工培训与开发重要性认识的不断加深，培训的组织与管理也越发受到重视。

（一）员工培训需求分析

培训需求分析是培训系统工程的基础环节，它是指在组织进行培训活动之前，采取各种方法与技术对组织成员的基本情况进行鉴别和分析，以明确组织培训对象与培训内容的管理过程。它既是培训方案设计的前提，又是培训评估的基础。作为培训组织与管理的首要环节，单位的需求分析一般从以下几个方面展开。

1.组织层面的需求分析

组织层面的需求分析是结合组织面临的环境，综合考虑组织发展目标及拥有的资源状况，确定培训需求。组织外部、经济和文化环境的变化都会引发培训需求，全球化的进程、单位的服务转型都将导致员工职责和角色的变更，为了适应这种变化，必然会产生相应的培训需求；此外，组织拥有的资源状况及其变化趋势也会对培训需求产生影响，人力资源的整体素质是培训需求的直接决定因素，财务状况决定着培训的深度和广度，时间资源的充分与否直接关系着培训安排和培训效果。

2.任务层面的需求分析

任务层面的需求分析是组织活动的重要工作任务，从完成相应工作需要的员工知识、技能和行为模式出发来确定培训需求。这一层面的培训需求可以以工作描述或工作说明书为依据，通过核实工作描述，分析从事某项具体工作的内容及所需要的任职资格，确定员工达到理想绩效应具备何种素质条件，掌握何种知识技能，从而设计培训需求。

3.员工层面的需求分析

员工层面的需求分析是从任职者的角度来考察培训需求，将员工目前的实际工作绩效与组织理想或标准的员工绩效之间进行比较分析，找出两者之间的差距，确定需要培训的员工名单和培训内容。这样的培训设计可以将组织有限的资源最有效地利用，一方面可以避免不必要的培训，将那些需要提升的员工作为培训的重点，使培训工作做到有的放矢；另一方面可以帮助人力资源管理部门了解受训者的基本情况及绩效差距产生的原因，从而有针对性地设计课程和培训方式。

通过对上述三个方面的分析了解，结合组织所处的外部环境，可明确组织绩效的理想与现状之间的差距，并分析哪些差距是可能借助于培训和开发来缩小或消除的，从而进一步建立培训需求分析模型。培训需求分析模型可以更详细地说明培训分析过程，明确培训的目标与责任，为培训活动的开展奠定良好的基础。

（二）员工培训的设计与实施

确定员工培训需求后，培训工作进入设计与实施阶段，即制定培训方案并实施培训。培训方案和培训方法的制定是一个承上启下的重要环节。为了保证培训活动的有效性，在培训活动正式开始前，应精心设计和筹划培训计划及相应措施，特别是在现代人力资源管理中，培训目标的多元化、对象的细分化及其手段和方法的复杂化等对人员培训活动提出了更高的要求。在员工培训与开发的设计和实施过程中，要坚持理论联系实际、学以致用、按需施教、讲求实效等原则。人员培训方案设计是一项较为具体的工作，主要包括建立培训的具体目标、确定培训的内容、进行培训经费的预算、确定培训方式（是岗前培训、在职培训还是离职培训，或者是初任培训、任职培训还是专业知识和技能培训，抑或是更新知识和技能培训）、选择培训的实施机构（是自己组织实施，还是委托或外包给外部供应商或教育机构实施）和培训师资、拟订教学计划和教学方法（包括课堂讲授、案例分析、研讨式教学等）、确定培训的地点和时间及进行培训的后勤管理和服务设计等内容。

1.培训目标的确立

培训目标的确立是培训需求分析阶段的进一步延续和具体化。培训目标通常分为三大类。

一是学习目标。确立学习目标的目的在于让受训者了解"为什么要学习""学习应达到什么样的效果和标准"，学习目标关注的是经过培训，受训者知识、技能、能力和价值认同等应发生的改变及达到的水平。

二是绩效目标。绩效目标是为了让受训者知道自己目前的实际绩效与组织要求的绩效标准间存在的差距及造成这种差距的主要原因是什么，目的在于让受训者明白接受培训的绩效意义和实际价值。绩效目标关注的是受训者受训后带来的实际工作绩效的变化。

三是行为目标。行为目标关注的是受训者受训前后的行为改变及这些改变给组织、部门和个人绩效带来的影响。

培训目标的设计应力求精确化和具体化，模棱两可的目标陈述既不利于培训内容和结果的正确传递，也不利于培训人员对培训内容和材料的准确把握。

2.确定培训内容，设计具体的教学计划

培训内容的确定是在确立培训目标的基础上进行的。培训内容确定得准确与否将直接关系到培训活动的成败及其效果。培训的内容主要集中在知识和技能的普及性学习、特殊知识和技能的学习、提升语言能力学习、法律法规和制度规章学习及文化、价值观和态度学习等方面。教学计划设计就是将培训内容落实到可见的课程目录中。培训计划的设计主要是教学设计。确定教学目标后需要进行教学分析，并确定起点能力。教学分析的目的在于确定为达到一定组织、部门和岗位目标所需具备的知识、技能和能力，只有充分掌握了组织、部门和岗位对任职者的知识、技能和能力的要求，了解任职者或拟任职者的知识、技能和能力现状，才能有效地指导具体课程和教学内容的设计，也才能通过培训来达到需求与供给的对接。培训行动目标的制定实际上是一个将一般性目标转化为比较具体目标的过程，即将抽象、笼统的培训目标、内容具体化为受训者的学习目标和学习内容。

将一般性目标转化为具体目标的原因有三点：一是为受训者提供在不同层次和不同水平上进行相互交流的平台；二是通过将目标细化来制订具体的计划，进而开发教材和传输系统；三是具体化的目标通常是以操作性术语而不是以内容提要的方式来陈述的。只有这样，才能衡量受训者的学习效果，知道什么时候达到了目的。而为了衡量受训者接受培训的实际效果，了解受训者受训后知识、技能、能力、行为及价值认识等的变化，需要通过编制标准化的测试题目，从反应、学习、行为和结果四个层面来检验受训者的学习效果。

教学策略是主导培训过程、指导培训者选择合适的教学方法和教学手段的依据。常见的教学策略主要有两种，即以培训者为中心和以受训者为中心。以培训者为中心的培训过程往往以培训者为主导，一切围绕培训者"转"，具有明显的"卖方市场"特征，强调受训者对培训者的绝对服从，受训者基本处于被动的地位。以受训者为中心的培训过程则是一种以受训者为主体的教学策略，一切围绕受训者"转"，具有明显的"买方市场"特征，在培训过程中培训者以指导者、辅助者的身份出现，注重对受训者自发意识、独立能力及其团队合作精神的培养。培训方法和手段的选择通常以培训内容和课程性质为依据。例如，操作性很强的技能培训就不适合选择课程讲授方法，而更适合实地演练、情景模拟等方法。在具体的教学计划初步成形后，还需要结合培训需求分析结果、目标及培训对象的实际情况进行修正，尽可能使教学计划符合组织、部门、岗位及任职者的需求。

3.培训的经费预算

单位的培训活动必须考虑经费预算问题。经费预算不仅关系着培训计划的有效性，而且关系着一个培训项目的收益问题。再好的培训计划，如果没有必要的经费支持，也难以正常实施。通常来讲，培训的经费主要包括直接成本和间接成本两部分。其中，直接成本通常包括培训场地租用费（如为自有场地，此项费用为零）、培训材料开发与印制费、培训设备仪器使用费（如为自有设备仪器，此项费用为零）、受训人员的学杂费、支付给外部培训机构和培训师的费用、培训管理人员的补助费等；间接费用主要有因受训人员离岗或离职而带来的收益损失、支付给受训人员的工资和福利、支付给单位培训管理人员的工资和福利等。现实中，单位的培训经费预算往往只计算直接成本，实际上培训效果评估应以总成本为基础。

4.培训机构和培训师

如前文所述，就单位而言，实施培训的机构通常包括国家和地方行政学院、管理干部学院、大专院校及单位性的培训机构等。培训机构和培训师的选定应考虑单位及其人员培训的目标和要求，同时还要考虑经费预算等情况。

5.培训地点和时间

培训地点通常有如下几种：单位内部的会议室或培训教室、单位外部的会议室和教室、宾馆会议室、专门培训机构的培训教室和培训场地。培训地点的选定应考虑培训内容、单位的日常工作安排等情况；培训时间的选定要考虑培训内容的难易程度、所需时间的总长度及单位自身的日常工作安排等情况。

6.培训活动的后勤管理和服务的初步安排

培训活动的后勤管理和服务主要包括：培训项目的通告，受训者报名和注册，各种培训材料的印制、购买与发放，发放培训评价调查表，提供培训者和受训者的联系方式，记录培训结果，设计培训时间表，选择并布置教学场所，仪器设备的提供与管理，受训者的生活安排和管理，受训者所在岗位的任务安排，培训师的接待、安置和生活服务等。

（三）员工培训效果评估

培训效果评估是对受训者获得的知识、技能运用到实际工作中的效果进行评价的过程。培训效果可能是积极的，也可能是消极的。评估的目的主要在于了解培训项目是否达到了原定的培训目标和要求，进一步明确受训者是否得到了收获，并为日后的培训改善打好基础。因此，培训效果评估是培训管理中不可或缺的部分。对于单位而言，培训是组织的一项人力资本投资活动，需要大量的时间和财力投入，因此必须考虑投入、产出之间的关系。由于没有明确的评估制度和体系，单位的培训常常流于形式，选择合理的评估方法，建立培训效果的评估机制对单位尤其重要。常用评估方法如下。

1.投入产出分析模型

在私营部门的培训效果评估中，培训的支出与收益之间的比例关系是用于衡量和评价培训成果的重要标准与常用方法。在具体操作中，可以用培训的投资回报率来予以评价。

$$培训的投资回报率=（收益-成本）/成本$$

其中，成本包括直接成本和间接成本，如受训者的工资、教师的报酬、教辅设备费用、管理成本及由于培训而不能正常工作的机会成本等。收益则包括劳动生产率的提高、产品质量改善、销售量增加、生产成本和事故率降低、利润增长等各个方面。对于收益的评价也可以从直接收益评估和间接收益评估两个方面进行。

投入产出模型作为一种量化分析方法，能够清楚地表明组织培训成本与收益之间的数量关系，对于资金成本控制具有重要的作用，因此在单位中运用十分广泛。但因为单位很难取得具体的效益指标，所以使用起来有些难度。

2.柯氏评估模式

柯氏评估模式是单位最常用的培训效果评估模式。柯氏模型由美国威斯康星大学教授柯克·帕特里克提出，他将培训效果评估从四个层面展开。[①]

（1）反应评估：评估被培训者的满意程度

这是评估的第一个层次，主要了解受训者对于培训内容、科目、形式等的反应，一般通过培训结束后的调查问卷获得。

（2）学习评估：测定被培训者的学习获得程度

这是评估的第二个层次，是对培训效果的量化评估，目的在于检查受训者掌握培训知识的情况。学习的测定可以通过考试进行，对一些技术性较强的工作可以通过实地操作来进行考查。主要是了解受训者经过培训之后是否掌握了更多的知识或学到了更多的技能，对于态度培训的演出学习效果则可以通过情景模拟或

---

① 唐志红．公共部门人力资源管理 [M]．成都：西南交通大学出版社，2017：151．

者是在培训后的观察予以考核。

（3）行为评估：考察培训对象的知识运用程度

在测定反应和学习成果时，培训效果的得分往往较高，但在实际工作中，员工的行为可能并未发生改变。为了达到培训成果转化的最大化，行为的评估十分重要。一般在培训结束后，管理者组织相关人员对受训者培训的行为效果进行测量。行为变化可以由受训者的上级、下级、同事、服务对象等共同完成评价，主要测定受训者在受训前后行为是否有所改善，是否运用了所学的知识、技能和态度等。

（4）结果评估：计算培训产出的经济效益

判断培训是否给企业经营成果带来具体而直接的贡献。这一层次的评估上升到了组织的高度。通过一系列指标的分析，如客户满意度、事故率及生产率等来体现培训效果。

柯氏模型通过对学员的反应、学习结果检查、工作表现对比和组织绩效改变逐级对培训结果进行由浅入深的分析，来衡量培训的近期和远期成效。这种测量模式不仅适用性广，而且性质不同的组织可以根据实际情况选择不同的指标体系，来发现培训对实现组织目标和战略是否真的做出了贡献，同时可以暴露出培训与实际工作之间可能存在的问题。许多专家认为，一个真正有意义的培训，至少要经过三个到四个层次的评估后才可确立。

3.布鲁斯沃和拉姆勒评价表

20世纪70年代美国学者布鲁斯沃和拉姆勒对培训项目的评价标准和衡量方法进行了研究，总结了一套至今仍十分有效的评价方法。布鲁斯沃和拉姆勒认为，评估培训项目时使用的评价项目固然很重要，但评估时间和评估方法的选择也是很重要的。事实上，很多人力资源管理专家认为，以合理的成本就能采集到对组织决策和组织目标发展最为重要的数据的培训项目评价方法才是最合适的。

第四节　薪酬管理及体系建设

一、薪酬管理的内容

薪酬管理既是一个复杂的过程，也是一套严谨的管理系统。薪酬管理的内容主要包括确定薪酬管理目标、薪酬体系决策、薪酬水平定位、薪酬结构设计和薪酬控制与调整。

（一）确定薪酬管理目标

薪酬管理目标应该根据单位战略、单位文化及发展规划确定。薪酬管理目标具体包括三个方面：一是建立稳定的员工队伍，吸引高素质的人才；二是激发员工的工作热情，创造高绩效；三是努力实现组织目标和员工个人发展目标的协调。

（二）薪酬体系决策

薪酬体系决策的主要任务是确定单位的基本薪酬以什么为基础。目前国际上通行的薪酬体系有三种，即职位薪酬体系、技能薪酬体系和能力薪酬体系，三者的差别主要体现在确定薪酬的依据不同。

（三）薪酬水平定位

传统概念的薪酬水平定位关注单位整体薪酬水平，现代意义的薪酬水平定位更多地关注不同单位的相同职位薪酬水平之间的比较。影响单位薪酬水平的因素主要有同行业竞争对手的薪酬水平、单位支付能力和社会生活指数等。

（四）薪酬结构设计

单位的薪酬结构有两种形式：一是纵向结构，是指与单位的职位等级序列相对应的工资等级结构；二是横向结构，指不同的薪酬要素之间的组合，人们习惯将纵向结构称为"薪酬结构"，横向结构称为"薪酬形式"或"薪酬构成"。具体来说，薪酬的纵向结构是指同一组织内部的不同职位得到的薪酬之间的相互关系，它涉及薪酬的内部公平问题；薪酬的横向结构是指员工得到的总薪酬的组成部分。

（五）薪酬控制与调整

薪酬控制是指为了确保既定薪酬方案顺利落实而采取的相关措施。薪酬预算和薪酬控制应看成一个不可分割的整体，单位的薪酬预算需要通过薪酬控制来实现，薪酬控制过程中对薪酬预算的修改则意味着新一轮薪酬预算的产生。

薪酬调整是保持薪酬关系动态平衡、实现组织薪酬目标的重要手段，是薪酬系统运行管理中的一项重要工作。对薪酬体系运行状况进行监控，其主要目的在于对之前的预期和之后的实际状况进行对比，以便采取补救措施。薪酬调整包括薪酬水平的调整和薪酬结构的调整。

二、薪酬管理中存在的不足

第一，缺乏科学的岗位评价基础。根据薪酬管理公平性原则，薪酬分配应基于岗位价值。薪酬分配应根据职工的能力、贡献和表现进行综合考虑，体现单位对职工的认可和激励。单位薪酬管理优化的前提是要仔细梳理组织架构，建立科学的岗位评价体系，进而提高薪酬管理的有效性和薪酬分配的公平性。

第二，薪酬结构不合理。单位设置的职工薪酬结构一般为薪酬=基础工资+津贴+绩效工资+奖金。这种薪酬结构没有问题，但在部分单位中，各项薪酬组成的占比设置不够合理，导致薪酬未能充分发挥对职工的激励作用，甚至引发职工的不满和抱怨，影响相关单位的稳定运行。这主要体现在：首先，基础工资偏低。基础工资偏低会使一些由于某些原因拿不到津贴、绩效和奖金的职工整体薪酬过低，影响其生活水平。其次，津贴占比过大。与基础工资偏低相反的是，一些岗位的津贴名目设置过多，占比过高，甚至个别岗位的津贴高于基础工资，这导致相关职工不必努力工作，不争取绩效工资也能获得不错的收入。最后，绩效和奖金浮动不足。虽然绩效考核是单位开展人力资源管理的重要手段，但部分单位设置的绩效奖金占比不高导致职工工作积极性难以被充分调动，影响薪酬激励作用的发挥。

第三，绩效考核机制不完善。部分单位的绩效考核存在指标不明确、评价标准不统一、考核程序不规范等问题。这些问题导致绩效考核难以准确反映职工的工作表现，考核结果的公正性和客观性无法得到保证，难以有效引导职工改善工作方式方法，提高工作绩效。个别单位绩效考核仅以"完成任务量"为标准，而忽略了工作难度、工作过程等有关指标，且考核指标量化不足，影响评价的全面性、客观性，进而导致一些职工对绩效考核产生不满和抵触心理。

第四，薪酬管理制度缺少监督。薪酬分配机制不透明会使职工无法了解薪酬分配的具体情况和分配标准，导致薪酬管理受到质疑，并引起职工的不满和抱怨。个别单位因制度设置及缺乏相关监管而存在薪酬制度不透明、薪酬标准不规范的问题。科学合理的薪酬体系应明确岗位分类、薪酬级别、薪酬档次、薪资制度、薪酬结构，并注重对有关薪酬信息的公开，保证薪酬管理的有效性。

三、薪酬管理体系的优化建设

作为公共服务机构，单位对社会的稳定和发展起着重要的作用。然而，个别单位中的薪酬问题却影响着职工的工作积极性和工作效率，导致单位公共服务质量的下降。对此单位应针对薪酬问题实施改善措施，确保薪酬的科学性和有效性。

（一）建立科学合理的岗位评价机制

薪酬管理制度是单位管理的重要组成部分，对职工的工作积极性和工作效率可产生直接影响。因此，建立科学合理的薪酬制度是优化单位薪酬问题的关键。科学合理的岗位评价体系是薪酬分配制度建立的前提，单位应根据各岗位的性质、工作特点和职责范围，设计评价指标和评价标准。评价指标应包括工作质量、工作效率、岗位胜任力要素、工作态度等；评价标准应该明确、具体、可操作。[①]同时，单位需要加强评价过程的透明度，让职工了解评价的标准和全过程，进而认同评价结果，并能够基于评价结果有针对性地提升专业能力，改善工作方式，提高绩效水平。

（二）完善绩效考核机制

绩效考核机制是人力资源管理工作的基础，对职工的工作积极性和工作效率有着重要影响。单位应着重考虑如何建立科学合理的绩效考核机制，并通过准确衡量每个职工的表现和贡献，给予相应的奖励或惩罚。单位要想进一步完善绩效考核管理，需要以业绩为核心，以绩效为导向，综合考核职工的工作胜任能力、工作效率、工作态度、工作质量等，将个人和部门的表现都纳入考核范畴，形成科学的考核指标和评价标准，并将绩效与薪资挂钩，以激励职工进取、创新，提高工作效率。其中，在评价指标设置中，单位应完善考核评价机制，确保机制本身公平、公正，并在实施过程中严格遵循考核的程序和规范。同时，单位也要加强绩效考核过程与结果的沟通工作，让职工能够在考核过程中及时发现自己存在的问题并进行改正，对自己考核结果的评分有细致的了解，不断促进自我完善和提高。

（三）薪酬结构优化设计

建立以绩效为导向的薪酬制度。单位应根据职工的工作能力和表现来决定其薪酬水平，并将薪酬与职工的绩效挂钩，合理设计薪酬结构要素，在基础工资、绩效考核、津贴福利、奖金组成的基础上，基于公平、竞争、激励原则，优化各个项目的占比。首先，合理调整基础工资水平，使其与市场一般水平相当。这可以通过对市场薪酬水平的调研和分析，来确定基础工资的合理范围，体现薪酬的保障作用。其次，根据职工的实际工作情况及岗位性质，合理设置津贴，避免因津贴名目过多而导致职工对基础工资、绩效等的不重视。最后，加大绩效和奖金的比重，突出薪酬的激励作用，有效激发职工的工作积极性和创造力。

---

① 潘旭.绩效考核与薪酬管理体系的优化策略分析 [J].经济师，2022（11）：279-280.

（四）加强监管和评估

薪酬管理制度失效和考核问题的根源往往在于缺乏有效的监管和评估机制。因此，加强监管和评估是单位应对薪酬与考核问题时需要重点关注的方向。单位要建立完善的监管和评估机制，并确保其涵盖业务、财务、人力资源管理等各方面，全面保障组织公平和组织权益。例如，某省组织开展对单位的评审。评审工作从单位内部自评开始，引入外部信用评价信息数据，之后通过走访调研、问卷调查等方式在社会层面开展监督调查，并选择有公信力的第三方向社会公开监督结果。此举既增强了社会对单位的信心，也有利于单位广泛吸收有效的改善建议。

综上所述，在人力资源管理中，薪酬管理是极为重要的内容，完善的薪酬管理不仅能体现单位对职工努力工作的肯定与感谢，单位也能通过薪酬的激励作用提高职工的工作积极性和工作效率。为此，单位应建立科学公平的岗位评价体系，明确薪酬的绩效导向，提高自身的管理能力，从而推动组织持续提高绩效水平和社会服务质量，切实满足公众对公共服务的需求，实现单位的可持续发展。

第四章　人力资源质量评价研究

第一节　人力资源质量评价概述

一、企业人力资源质量评价的意义

著名国际质量管理专家詹姆斯·哈林顿曾说："度量是关键。如果你不能度量它，你就不能控制它。如果你不能控制它，你就不能管理它。如果你不能管理它，你就不能改进它。"认识和进行人力资源评价是进一步改进人力资源管理的前提和基础。对企业的人力资源质量进行评价，可以使企业发现组织人力资源管理存在的问题，提高人力资源政策的针对性，全面了解组织人力资源管理的现状，及时发现问题、纠正错误，进而采取有效措施改进人力资源管理工作，提高人力资源管理政策的有效性，使组织的人力资源管理切实为组织的战略服务，充分实现组织目标。因此，无论是对人力资源管理部门还是组织，进行人力资源质量评价都有着重要的意义。

二、企业人力资源质量评价的理论依据及原则

（一）理论依据

1.企业人才资源的内涵

企业人才属于企业人力资源的范畴，是企业人力资源中具有高智慧、高技能、高品德，能进行创造性劳动的人；是企业价值创造的主导因素，它包括现实的企业人才资源、潜在的企业人才资源和未来的企业人才资源。企业人才资源既有量的属性，也有质的规定性，具体有以下特征：企业人才资源是能动资源和高

增值性资源；企业人才资源无法储存；企业人才资源必须不断地投资、维护与提升，才能保持其价值和增值。选拔适合企业的人才资源是企业人才资源管理最重要的目标之一；确保人与工作的最佳契合是企业人才资源管理最重要的使命之一。企业人才资源评价就是利用一套系统的方法和原则，对企业人才资源整个管理过程进行综合评判，内容应涉及企业人才资源战略规划、招聘、职业发展、绩效评价、工薪设计、组织管理与变革、考核等诸多内容。本章重点对企业人才资源招聘、选拔与安置过程中的个体和群体进行综合评价。

2.决定企业人才资源评价的主要因素

企业人才资源的核心是知识创新者和企业家，对其进行评价涉及被评价者的潜质、能力、心理等多种因素。面对环境的不确定性和复杂性，在企业管理重组和流程再造的过程中，对企业人才资源提出了新的更高的要求：一是具有高度的责任心和进取心，并且掌握一定的知识技能；二是具有系统思考，保持对内外环境变动的敏感度和应变能力，有不断学习、提升自己的技术和促进自己的职业生涯发展的恒久深入的学习动机和团队精神；三是具有良好的心理状态、工作伦理理念和人际关系。因此，企业人才资源评价可以通过企业人才资源的个体属性，即基本素质、心智模式、能力结构和沟通水平四个基本要素表现出来。这种要求使企业人才资源的评价体系也发生了相应的变化。这种变化特点主要是通过人才的核心能力形成企业的核心竞争力，其具体特点：一是心智模式的改变，因为思维将决定人们行动的结果；二是创新能力的提升，使个体成为学习型的人，能够进行团队合作和授权赋能；三是沟通水平的提高，形成企业的核心价值观和共同愿景。

3.构建企业人才资源评价指标体系的假设条件

有关研究表明，企业人才资源选拔策略主要有两种：一种是通过人为判断，偏向主观直觉式的选人策略；另一种是系统的、结构式的人员选拔策略。其中系统的、结构式的人员选拔更为有效准确。为此，我们提出三个基本研究假设：一是决定企业人才资源的因素是一个相互关联的系统，二是企业人才资源的属性是以一定形式表现出来且可以量化的指标，三是构建的模型必须符合现代企业的内在要求和反映不同的企业对人才资源的偏好。

（二）基本原则

1.系统性和层次性统一的原则

在设计指标体系时，评价指标要明确，评价内容要具体；要明确企业人才资源评价问题的范围，理解企业人才资源评价的决策目标要求，所包含的因素及各因素之间的关系，评价时可能的备选方案，同时要对掌握的信息进行判断、综合和取舍；既要反映出层次内部企业人才资源各因素的关联作用，又要表现出层次之间存在的反馈作用；特别是评价决策目标要简单明确、易于评估，且应具有一定的挑战性。

2.全面性和重点性统一的原则

指标体系的设计既要突出重点，又要相对全面。突出重点即要反映企业人才资源的内涵，从影响企业人才资源评价的多种因素中，找出稳定的主要因素，加以明确的定义，并以权重比较的方法确定不同因素的相对地位；构建出一个全面而客观地规划各方案优先级的评价指标，提高评价指标体系的开放性。

3.定性和定量统一的原则

要能对评价对象从定性和定量两个方面进行合理描述，有的指标应精确度量、有的指标应表明趋势，并能准确反映它们的静态变化和动态发展状态。

三、人力资源质量评价的特点和视角

想要直观地测量人力资源质量较为困难，人们往往通过评价人力资源管理的效能来评判一个组织的人力资源质量。因此，要对人力资源质量进行评价，必须了解人力资源管理效能的特点。

首先，人力资源管理效能具有间接性。组织的人力资源管理活动会使组织的人力资本存量间接地影响组织的绩效，显然，人力资源管理质量并不是显而易见的，而是通过诸多的中介要素体现出来的。

其次，人力资源管理效能具有滞后性。人力资源管理是一项长期、持续的活动，其作用是逐渐发挥的，效果在未来一段时期内才能逐渐显现出来。也就是说，人力资源管理活动的结果并不会完全在当期显现出来，即人力资源管理效能具有滞后性。

最后，人力资源管理效能具有全面性。人力资源管理不仅能给组织带来经济方面的收益，也能给组织带来非经济方面的收益，且由于微观组织的人力资源管理活动能影响甚至改变员工的行为、态度和素质，因此人力资源管理还具有一定的外部性，能给社会带来效益。人力资源管理的效能可以区分为两类：一类是技术性的人力资源管理效能，包括传统的人力资源实践活动，如有效甄选和培训；另一类是战略人力资源管理效能，包括从组织建立人力资源的复杂性到创新行为，如基于团队的工作设计、弹性雇佣及授权等。

我们可以分别从组织整体目标和人力资源管理活动本身考察人力资源管理质量。从组织整体目标考察，人力资源管理质量在于组织绩效的提高；从人力资源管理的各项职能来考虑，也有人力资源管理各项职能的质量。从具体活动的角度考察人力资源管理质量时，更多的是注重成本核算，计算成本的节约额。

第二节　人力资源质量评价体系

一、人力资源质量评价体系的设计

首先，企业应在人力资源管理部门设立人力资源评估中心，其主要任务是为企业内部人力资源合理、有序的流动提供内部市场，并负责企业全部人力资源的评估、岗位评价及人力资源的培训与开发，综合评价从事专业、技术岗位员工的技术投入、产出评估及各项经济技术指标的确定、评价、考核。

其次，制定切合企业实际的"人力资源评价、评估、考核办法"，对企业员工进行系统、全面的岗位测评、技术评估，并形成测评、评估报告，依此报告重新划分员工的工作岗位，确定其工作性质，并作为工资分配的基础资料。

"人力资源评价、评估、考核办法"应着重工作岗位体系的设计、评价与评估，根据企业管理体制设立工作岗位，鼓励一人多岗，从劳动报酬上进行控制与激励。"岗位评价对照表"作为"人力资源评价、评估、考核办法"的组成部分，在横向上分析考核人力资源的个体素质，从道德修养水平、个人综合能力、个人潜在能力、学历及资历等方面设计；在纵向上分析所设立工作岗位的重要程度、任职资格及所需要的潜能的发挥程度等方面设计。

二、企业人力资源质量评价指标体系的建立

这里重点介绍三种国内主流的企业人力资源评价体系，每个体系都从不同角度对企业人力资源给出评价。

（一）基本素质、心智模式、能力结构、沟通水平评价指标体系

在企业人力资源评价这个系统内，按照企业人力资源的基本素质、心智模式、能力结构和沟通水平四个基本要素来构架企业人才资源评价指标体系，其中每个要素由下列重要指标构成。

第一，基本素质包括学历层次、任职资历、学员结构、知识水平和健康状况。

第二，心智模式包括思想观念、心理状态、个性品质、工作作风和合作精神。

第三，能力结构包括学习能力、应变能力、组织能力、协调能力、创新能力和决策能力。

第四，沟通水平包括语言表达、文字水平、沟通技能和人际关系。

根据以上指标可以建立企业人才资源评价指标体系的层次结构模型。这种层次结构模型的特点，是将有关的各个因素按照不同属性自上而下地分解成若干层次，同一层次的诸因素从属于上层因素或对上层因素有影响，同时又支配下层因素或受下层因素的作用。最上层为目标层，是解决问题的目的，是要达到的目标；中间可以有一个或几个层次，通常是准则层；最底层是要解决问题的方案或针对目标的具体评价指标体系。

（二）员工、组织、顾客评价指标体系

该评价指标体系从员工、组织、顾客三个角度对企业人力资源管理的水平进行了评价指标体系设计。

1.员工层面

（1）员工规模

①人力资源总量。人力资源总量指标是指在某一特定时间内企业所拥有的人力资源总和。企业中经常使用的人力资源总量指标，包括全部人力资源总数、管理人员总数、高层管理人员总数、中层管理人员总数、专业技术人员总数、销售人员总数、技术工人总数等。

②人力资源当量。企业拥有各种不同类型的人力资源，为了更好地评价企业所拥有人力资源的实际质量状况，常常需要将企业中不同类型、不同层次的人力资源按某一标准进行折算，得到人力资源当量。

③人力资源密度。这是一种反映人力资源在某一领域分布状况的指标。企业人力资源密度指标通常包括各类人力资源密度指标、人力资源利润密度指标、各类人力资源利润密度指标等。

（2）员工结构

①素质结构。人力资源素质结构包括文化素质指标和技能素质指标。文化素质指标可用员工文化结构和员工平均受教育年限来衡量；技能素质指标可用职称结构和技术平均等级来衡量。

②年龄结构。人力资源年龄结构可以用于企业人员招聘、升迁、辞退、退休的预测。通常还可用企业老年人的比例、中年人的比例、青年人的比例和平均年龄来衡量一个企业的活力水平和发展潜力。

③性别结构。人力资源性别结构指组织内男性和女性的比例结构。不同行业对男性和女性的数量要求是不同的。同一部门内应该合理配置男性和女性的比例，最大限度地发挥人的潜能，提高员工的工作效率。

④配置结构。配置结构包括管理人员、科技人员、销售人员、生产人员及其他人员占总人数的比重。

（3）员工满意

①员工离职率。离职率是衡量人力资源结构稳定性的重要指标，企业离职率高反映了企业的员工对于企业的满意度降低，或对于企业的前景持消极甚至是悲观的态度等。其可用年度离职的员工数量来表示：员工的离职率=离职的员工数／企业当年的平均员工数×100%。

②员工缺勤率。员工缺勤率=员工缺勤人数／员工应出勤人数×100%。它是

反映人事管理有效性的辅助指标。

③员工违纪率。员工违纪率=员工违纪人数／员工总人数×100%。它是反映管理关系协调性的辅助指标。

④员工投诉率。员工投诉率=员工投诉人数／员工总人数×100%。它是反映管理关系协调性的辅助指标。

⑤员工参与度。员工参与度用来反映员工对工作的积极性和进取性。企业的决策、经营方略要想得到员工的支持就离不开员工的参与，对于企业而言至关重要的人力资源开发手段也离不开员工的参与。员工参与度可以通过调查问卷来获取。

（4）员工招聘

①招聘成本是指在整个招聘过程中所花费的人力、财力和物力的总和，包括直接成本和间接成本。

②人均招聘成本是指花费在每个招聘录用人员身上的成本。人均招聘成本=招聘成本／招聘人数。

③招聘成功率是衡量招聘成功与否的标准之一，通过一定时间内录用人员的离职率来反映。

（5）员工培训与开发

①培训费用是指企业用于员工培训与开发的费用，它可以从企业的年度预算中反映出来。

②培训费用结构是指在企业的培训费用中，用于各类人员培训费用的比例。

③人均培训费用，即单位员工的年培训费用=企业的总培训费用／企业员工的年平均数。

④人均培训时间是指在特定时间内企业培训总时间与企业总人数之比。人均培训时间=企业培训总时间／企业总人数。

⑤受训率是指在特定时间内参加培训的人数占企业总人数的比例。受训率=参加培训的人数／企业总人数。

（6）员工报酬

①合理的薪酬制度是调动员工工作积极性的手段。

②薪酬结构是指在薪酬中各种报酬所占的比例。企业要根据不同类型的员工

设计不同的薪酬结构。

③薪酬竞争力是指企业的薪酬相对于市场上同类企业的竞争能力。

（7）劳动保障

①为了分析人力资源发展的状况，必须对人力资源的工作环境进行分析评价。评价指标通常包括工作量、研究与设备条件、研究开发经费、信息情报支持、后勤服务等。

②工作安全是企业在运行过程放在第一位的，特别是生产型企业。工作安全可用事故发生数、事故发生率、事故处理能力等指标来衡量。

③保险制度是指企业是否为员工提供工伤保险、养老保险、医疗保险、失业保险、生育保险等社会保险及住房公积金。

2.组织层面

（1）组织环境

①外部环境包括政治法律环境、社会环境、经济环境和科技环境。

②内部环境包括人际关系及冲突频率和强度指标。人际关系包括企业内部人与人之间及团队与团队之间的关系。冲突频率和强度是反映组织内部环境是否和谐的重要指标，分为四个等级（高、较高、较低、低），可以根据历史资料及内部问卷调查来测量该指标数据。

（2）组织能力

①创新能力是衡量一个组织人力资源竞争力的重要指标，其主要包括研究与开发投入强度、研究开发人员及其比例、专利的拥有量和新产品销售收入。

②团队学习能力是团队对新知识、新观念、新事物的理解能力、吸收能力和整合能力。

（3）组织业绩

①市场占有率指产品在一定区域内占同类产品总销售量的百分数。市场占有率=本企业的销售量／整个市场的销售量。它是衡量企业业绩的主要指标。

②企业利润率体现了企业的获利能力，是衡量人力资源管理效果的主要指标之一。

③人力资源竞争基准，即首先将人力资源工作的关键产出列出来，然后再将其与同行业中的佼佼者进行比较，从而进行评估。

④人力资源目标管理就是运用目标管理的基本原理，根据组织目标要求，确

立一系列的目标来评价人力资源工作。

3.顾客层面

（1）重点客户满意度

①重点客户指将客户在指定时间内的销售总额按照从大到小的顺序排列后，累计销售额占总销售额80%的客户。

②重点客户满意度是指重点客户对公司在产品质量、客户服务等方面的满意程度。重点客户满意度可以通过业务部门的年度客户调查问卷获取。

（2）客户投诉率

客户投诉率指在指定时间内，客户向公司提出对任何方面的不满申诉事件的总数。该数据来源于业务部门每月的"客户投诉统计报告"。

（3）客户索赔

客户索赔指在指定时间内，由于任何原因发生的客户向公司要求的包括以现金形式及货物形式的索赔产生的同等价值金额的总和，借此来考核客户服务水平。该数据来源于业务部门的"客户索赔统计报告"。

（三）发展、使用及效用、环境评价指标体系

从发展、使用及效用、环境三个角度形成三类评价企业人力资源质量的评价体系。此三大类体系下又包含很多指标组，在这些指标组中又包含了许多指标，如人力资源指标中又包含了人力资源总量、人力资源当量、人力资源密度等。对于人力资源总量、人力资源当量、人力资源密度指标，还可以继续进一步细分成数十个指标，这样仅在人力资源发展评价体系中就可能包含数百个具体评价人力资源现状和发展状态的指标。在制定人力资源发展规划及控制时，没有必要对所有指标进行评价，只需将关键的一些指标作为评价企业人力资源状况的指标即可。

1.企业人力资源结构指标

在评价企业人力资源质量时，可以利用人力资源的素质、年龄、性别和配置的结构指标对人力资源的质量进行结构分布的评价。

（1）企业人力资源素质指标

人力资源素质主要从员工学历和能级两个方面进行评价。企业人力资源的学

历素质，通常分为研究生、本科、大专、中专和高中五个层次结构。能级的结构通常可以按照员工的专业技术职务、行政职务或业务职务来进行划分。如果按照专业技术职务能级来划分，可分为高级专业技术职务、中级专业技术职务、初级专业技术职务和无技术职务四个层次。员工按照技术工人能级划分，可分为高级技师、技师、高级工、中级工、初级工五个层次。

（2）人力资源年龄结构指标

按照粗线条划分人力资源年龄结构，可分为老年、中年、青年三个层次，通常年龄在56岁及以上的为老年，36~55岁为中年，35岁及以下者为青年。如果需要进一步细分，可以将员工的年龄按照5岁或者10岁为一组进行分组统计。在年龄结构指标中，还经常用到年龄峰值、年龄谷值、平均年龄等指标，这些年龄指标可以用于评价企业人力资源的剩余使用时间，体现企业人力资源可能出现的替换高峰等状况。

（3）人力资源的性别指标

该指标具体设置为男性和女性两种。性别指标在企业人力资源评价中也具有重要的作用。不同行业的企业运营需要不同性别的员工支持，如轻纺、服务行业的企业需要大量的女性员工，而机械制造、重工行业的企业则需要大量的男性员工。

（4）企业人力资源配置结构指标

该指标主要反映企业人力资源在企业不同部门、不同专业中的分布情况，如部门人力资源密度指标等。这些指标不仅可以用于部门间的比较，而且可以用于评价部门的人力资源发展历史演变状况，同时还可以用于评价部门人力资源配置的合理性。如果企业较大，在国内外都有分支机构，那么配置结构指标还要涉及人力资源的区域分布。通过这些人力资源的配置指标，可以发现企业人力资源的分布与配置是否合理、是否能够适应企业全球或全国战略目标的需要。

2.人力资源速度指标

人力资源速度指标是反映企业人力资源动态发展状况的指标。它是可以反映出企业人力资源随着时间而改变的指标，主要有发展速度、增长速度、平均发展速度和平均增长速度等。这些速度指标不仅可以用于企业人力资源发展速度的比较，而且可以用来同企业经济效益、企业经营发展速度进行比较，以判断企业人力资源发展是否与企业发展战略相匹配。

（1）人力资源发展速度

企业人力资源发展速度可以用定基发展速度和环比发展速度表示。定基发展速度是用报告期的发展水平与某一固定时期的发展水平进行比较。

（2）人力资源增长速度

人力资源增长速度用于表示报告期人力资源与基期或前一报告期人力资源相比较的净增加速率，通常将相应的人力资源发展速度减去1就可以得到。

（3）人力资源平均发展速度

评价企业人力资源队伍在一个相当长时期内平均每年的变化情况，可以用平均发展速度来表示。

（4）人力资源平均增长速度

人力资源平均增长速度为人力资源平均发展速度减去1。

3.企业人力资源变动指标

在企业的人力资源竞争中会造成企业人力资源的流失和损失，为了了解企业人力资源的损耗状况，可以采用人力资源流失指数、人力资源稳定指数、服务期分析指标和留任率等指标体系来衡量。

（1）人力资源流失指数

人力资源流失指数越大，说明企业保留人力资源的能力越低。在估计企业未来人力资源需求时，必须考虑人力资源的损耗率大小，这样才能正确估计企业未来需求的人力资源数量。人力资源流失指数=在同一年内离职的人数／在某一年内的平均职工数量×100%。

（2）人力资源稳定指数

该指数可以分析企业人力资源的稳定程度，以确定企业未来可能保留的人数。人力资源稳定指数＝服务满一年或以上的人数／一年前雇佣的总人数×100%。

（3）服务期分析指标

该指标主要用于反映企业人力资源的平均服务年限，可用于分析员工可以为企业服务的年限。该指标在制定企业人力资源培训中是一个很关键的指标，并且可以用于对企业员工的服务时间与离职情况的相互关系进行分析，以便进行人力资源供给的预测。

（4）留任率

留任率用来反映不同服务期间的人员留任情况，可以反映出企业人力资源留任的趋势，在进行企业人力资源的供给预测时具有重要的参考意义。留任率=一年后仍在职人员／一年前在职人员×100%。

4.企业人力资源效益指标

企业人力资源效益指标主要用来反映企业人力资源队伍的产出情况，其中主要有专利指标、新产品指标和人力资源价值系数等指标。

（1）专利指标

专利指标可以分为专利申请数、专利批准数和专利开发利用率等。

（2）新产品指标

企业新产品指标可以分为新产品开发数、新产品销售额和新产品利用额等。

（3）人力资源价值系数

人力资源价值系数主要用于反映企业人力资源对企业经济发展的贡献率，可以用产值与人力资源数量之比、利润总额与人力资源数量总数之比来评价。

5.人力资源工作环境指标

人力资源工作环境是人力资源发展的前提。为了分析人力资源发展的状况，必须对人力资源的工作条件进行分析评价，这就需要设立一系列有关人力资源工作环境的评价指标。这些指标通常包括工作量、研究与设备条件、研究开发经费、信息情报支持、后勤服务等。

（1）工作量

工作量指标是用来评价企业人力资源是否发挥了作用及发挥作用的程度，通常包括不同人力资源的工作总量、工作难易度等。

（2）研究与设备条件

该指标用于衡量企业人力资源的工作条件，主要包括固定资产数、年均投资量，以及设备的先进程度、设备成套率、设备完好率、设备使用率和设备更新率等。

（3）研究开发经费

人力资源工作条件中一个重要指标是研究和开发的经费，通常只有在充足的研究和开发经费的支持下，才能使人力资源发挥出更大的潜力。该类型指标包括经费数额、人均经费数、经费产出率等。

（4）信息情报支持

由于人力资源工作效率的高低往往和其所拥有的信息情报数量有关，在知识经济时代，谁拥有了信息，谁就占据了主动。因此，信息情报支持应该作为评价人力资源工作条件的主要指标之一。

（5）后勤服务

该类型指标主要用于评价人力资源的后勤工作保障，其中包含衡量行政服务、物资供应和辅导人员支持等方面的指标。

第三节　人力资源质量评价方法

一、国内外人力资源质量评价方法概述

国内外人力资源质量评价的方法大致包括：人力资源会计、人力资源关键指标、人力资源效用指数、人力资源指数、投入产出分析、人力资源调查问卷、人力资源声誉、人力资源审计、人力资源案例研究、人力资源成本控制、人力资源竞争基准、人力资源目标管理、人力资源利润中心、人力资源管理总效应与智能资产回收率14种方法。下面对以上方法做简要介绍。

（一）人力资源会计

人力资源会计是将员工视为企业资产并给出员工的价值，其采用标准的会计原理去评价员工价值的变化。人力资源会计的内容可以界定为：①有关人力资源投资、开发、运用的预测与决策理论；②有关人力资源成本预算分析与规划的理论；③有关岗位责任分配及控制的理论；④有关人力行为科学的理论；⑤有关代理人的理论。目前，对员工价值的计算采用未来收入（工资、福利、资金等）的贴现方式，对人员的分配和激励政策的制定采用成本收益分析方法。人力资源会计对于反映企业的人力资本增值有一定的作用，但对于人力资源管理产生的隐形价值则无法计量。

（二）人力资源关键指标

人力资源关键指标是用一些测评组织绩效的关键量化指标来说明人力资源部门的工作情况。这些关键指标包括就业、平等就业机会、培训、雇员评估与开发、生涯发展、工资管理、福利、工作环境与安全、劳动关系及总效用等。每一项关键指标均需给出可量化的若干指标，如培训可采用每种岗位上雇员完成培训人数的比例及每一个雇员的培训时间等来衡量。在人力资源工作与组织绩效的关联性显示方面，人力资源关键指标能显示二者有较高的相关度。但随着企业人力资源管理功能的转变，以及不同国家、不同企业自身的实际情况，在关键指标的设计、指标权重的确定方面存在很大的不确定性，需要根据实际情况进行调整。

（三）人力资源效用指数

人力资源效用指数是一种试图用一个衡量人力资源工作效用的综合指数，来反映企业人力资源工作状况及贡献度的评估方法。人力资源效用指数是使用人力资源系统的大量数据来评估选才、招聘、培训和留用等方面的人力资源工作，但由于人力资源效用指数过分庞杂，加上指数与组织绩效之间的相关性仍不明确，所以有不少研究者并不看重它。

（四）人力资源指数

人力资源指数（HRI）的概念最早由利克特提出，后来由美国舒斯特教授开发而成，其由报酬制度、信息沟通、组织效率等15个因素综合而成。人力资源指数不仅说明企业人力资源绩效，而且反映企业的环境状况，包含内容较为广泛。其通过在美国、日本、中国、墨西哥等的许多企业使用HRI进行调查后，建立了地区标准和国际标准。在衡量人力资源管理效果时，往往注重一些客观的数据，如生产率、投资收益率、缺勤率、员工抱怨率等。但是这些方面的变化比人力资源管理条件的变化滞后，所以增加关于员工的激励和满意度的测量和评估是很重要的。此外，由于组织中双向沟通渠道的开辟，人力资源指数对诊断组织中的特殊问题和组织发展也有一定的效果。

（五）投入产出分析

将投入产出分析方法运用于人力资源管理评估，计算人力资源成本与其效益之比，具有较高可信度。一般而言，人力资源项目的成本是可以计量的，但是对项目收益的确认，尤其是在确认无形收益时，较为困难。投入产出分析可以有效评估人力资源的单一项目，但是在评估整个人力资源工作时则显得力不从心。人力资产不同于其他资产之处，在于人力资产为企业带来的经济利益是智力因素，而且必须与其他的资产相结合才能实现，所以就存在两个问题：一是人力资源的成本支出能给企业带来的经济利益难以从总体利益中区分开来；二是如果不从给企业带来的经济利益角度来衡量人力资源的成本效益，就需要对人力资源的价值进行单独计量，那么，将最具一般性（一般等价物）的货币用来计量人力资源中最具个性化的智力因素，其难度和相符合程度也是可想而知的。

（六）人力资源调查问卷

这种评估方法将员工态度与组织绩效联系起来实现对企业人力资源工作的评价。一般而言，员工态度与组织绩效之间存在正相关，有研究表明：或者是好的组织气氛提高企业业绩，或者是成功企业的环境产生了良好的气氛。

（七）人力资源声誉

有些专家认为，人力资源工作的效用判断，可以通过员工的主观感觉来对企业人力资源工作进行评估。员工的反映及企业人力资源工作的声誉对人力资源管理评估是比较重要的，但这种评价与组织绩效之间的相关度并不高。

（八）人力资源审计

人力资源审计是传统审计的延伸，它通过采用、收集、汇总和分析较长时期内的深度数据来评价人力资源管理绩效。这种系统方法取代了过去的日常报告，经过调查、分析、比较、审计为人力资源工作提供基准，以便人们发现问题、采取措施进而提高效用。在人力资源审计中，可综合使用访谈、调查和观察等方法。

（九）人力资源案例研究

案例研究近年来被引入人力资源管理评估实践中，成为一种成本低的评估方法。通过对人力资源工作绩效的调查分析，与人力资源部门的顾客、计划制订者进行访谈，研究一些人力资源项目、政策的成功之处并将其报告给选定的听众。

（十）人力资源成本控制

评估人力资源绩效的一种方法是测算人力资源成本并将其与标准成本比较。普通的人力资源成本可包括每一雇员的培训成本、福利成本占总薪资成本的比重及薪酬成本等。这种人力资源成本控制方法是对传统成本控制的拓展，在典型的成本控制表中可包括雇用、培训与开发、薪酬、福利、公平雇用、劳动关系、安全与健康、人力资源整体成本。但在这种成本控制中，没有考虑成本与绩效的关系，对成本的测算仅仅反映了人力资源管理工作绩效的一个方面，缺乏对人力资源管理工作评价的系统考虑。

（十一）人力资源竞争基准

人力资源竞争基准是指将人力资源工作的关键产出列出来，然后与同行业中的佼佼者进行比较，从而进行评估。这种方法只注意到产出，而忽视了投入，与人力资源成本方法存在着同样的体系问题。另外，对同行业佼佼者在人力资源管理方面的相关数据的获取有一定的难度。

（十二）人力资源目标管理

人力资源目标管理通过运用目标管理的基本原理，根据组织目标要求，确立一系列的目标来评价人力资源工作。在这种方法中，关键是目标合理、可评估、有时效性、富有挑战性且又合乎实际、能被所有参与者理解，同时，目标必须是达到高水平管理所要求的。当然，这些目标应尽可能可以量化，且必须与组织绩效相联系。这种方法的难点在于合理目标的确定。

（十三）人力资源利润中心

利润中心评估方法是当代管理理论和实践将人力资源部门视为能够带来收

益的投资场所的体现。人力资源部门作为利润中心运作时，可对自己所提供的服务和计划项目收取费用，典型的人力资源服务项目有培训与开发、福利管理、招聘、安全与健康、调遣、薪资管理和避免工会纠纷等。这种方法仅能体现在成本收益中，无法涵盖人力资源管理部门的工作所产生的无形收益。

（十四）人力资源管理总效应与智能资产回收率

人力资源管理价值理论认为，一个企业人力资源管理系统的成效可以用该人力资源管理系统所产生的总效应，即按该人力资源管理系统为企业发展总目标服务时做出的贡献——其有效性及该人力资源管理系统的效率的综合结果。人力资源管理价值理论提出的衡量企业人力资源管理活动的方法，虽然能从整体上反映企业人力资源管理的状况，但无法反映企业人力资源管理具体在哪个环节存在的问题，对于改进人力资源管理活动不能起到直接的指导作用。

二、我国建立现代企业人力资源质量评价体系的原则

就我国而言，在建立企业人力资源评价指标体系时，应注意以下几点原则。

（一）发展和实际相结合

在指标种类的设计上要体现发展的要求，而在指标权重的设计上要体现实际状况。由于我国的人力资源管理与开发工作与其他国家存在一定差距，因此，在评价指标种类的设计上，应结合未来企业发展对人力资源管理的要求，而在指标权重设计上体现我国人力资源管理的实际状况[①]，且随着企业人力资源管理状况的不断改进，应相应地调整各个指标的权重。

（二）独立性与关联性相结合

在指标体系设计中，从系统论角度出发，既要有反映系统各个要素（人力资源管理活动的各个环节）的指标，又要有反映系统各个要素相互协调作用的指标。这种结合能比较全面地反映企业人力资源管理的绩效和存在的问题。

---

① 一方面，把我们国家在人力资源管理方面薄弱环节的指标权重加大；另一方面，体现发展要求的指标权重要小一些，但不能舍弃，要用这些指标给人们指出未来的发展方向。

（三）主观性与客观性相结合

为了全面客观地反映企业人力资源管理活动的状况，必须将定性方法与定量方法相结合，因此，在指标的设计上，应把员工评价、员工满意度与客观的指标相结合。这样既可以避免主观因素干扰，又能反映员工对人力资源管理工作的满意度及不同利益主体的评判情况，反映企业人力资源管理在组织不同层面上的绩效状况，更有利于发现问题，使解决问题的方法更有针对性。

（四）时间和空间的纵横结合

由于人力资源管理活动的特殊性，使得客观显现的数据指标与人力资源管理活动条件的变化之间存在时间上的不一致，并且处于不同层次的人员对于人力资源管理活动条件变化的反应时间也不尽相同。为了全面反映人力资源管理活动绩效，在指标体系中，应把反映人力资源管理活动的指标在时间和空间上进行相互补充和融合。

（五）整体能效与发展目标相结合

体现企业人力资源管理系统对外功能的指标即人力资源管理活动的整体能效，应与企业的发展目标有较高的关联度。企业人力资源管理系统作为企业组织系统的一个子系统，应为组织目标的实现服务，因此，对人力资源管理工作的评价应与组织的绩效密切相关。这样可以更加直接地反映企业人力资源管理的贡献度，较为适合中国企业的管理者和人力资源工作人员的需要。

第五章　劳动关系与员工保障研究

　　和谐的劳动关系是单位稳定发展的基石。本章探讨劳动关系的特征及分类、劳动关系的环境及主体、劳动争议的化解机制思考、和谐劳动关系与劳动保障监察等方面的内容。

第一节　劳动关系的特征及分类

　　劳动关系是指劳动者与用人单位在实现劳动过程中建立的社会经济关系。法律意义上的劳动关系是指用人单位招用劳动者为其成员，劳动者在用人单位的管理下提供有报酬的劳动而产生的权利义务关系。

一、劳动关系的特征

劳动关系的特征可概括为以下几个方面。

　　第一，劳动关系的建立以劳动为目的。劳动关系以劳动力与生产资料相结合为方式，在人们运用劳动能力，作用于劳动对象，实现劳动过程中产生。如果劳动力不投入使用，不和生产资料相结合，不进入劳动过程，就不会产生劳动关系。

　　第二，劳动关系是一种结合关系。从劳动关系的主体上来说，当事人一方固定为劳动力所有者和支出者，称为"劳动者"；另一方固定为生产资料所有者和劳动力使用者，称为"用人单位"（或雇主）。劳动关系的本质是强调劳动者将其所有的劳动力与用人单位的生产资料相结合。这种结合关系从用人单位的角度观察就是对劳动力的使用,将劳动者提供的劳动力作为一种生产要素纳入其生产过程。在劳动关系中,劳动力始终作为一种生产要素存在,而非产品。这是劳动关系区别于劳务关系的本质特征。而在劳务关系中,劳动者所有的劳动力往往是作为一种劳务产品输出,体现的是一种买卖关系或者加工承揽关系。

第三,劳动关系是从属性的劳动组织关系。劳动关系中劳动者是所在用人单位的成员。虽然双方的劳动关系是建立在平等自愿、协商一致的基础上,但劳动关系建立后,双方在职责上就具有了从属关系。用人单位作为劳动力使用者,要安排劳动者在组织内和生产资料相结合;而劳动者要通过运用自身的劳动能力,完成用人单位交给的各项生产任务,并遵守单位内部的规章制度。这种从属性的劳动组织关系具有很强的隶属性质,即以一种隶属主体间的指挥和服从为特征的管理关系。而劳务关系的当事人双方无组织从属性。

第四,劳动关系是一种人身关系。由于劳动力的存在和支出与劳动者人身不可分离,劳动者向用人单位提供劳动力,实际上就是劳动者将其人身在一定限度内交给用人单位,因而劳动关系就其本质意义上来说是一种人身关系。但因劳动者是以让渡劳动力使用权来换取生活资料,所以用人单位要向劳动者支付工资等物质待遇。就此意义而言,劳动关系同时又是一种以劳动力交易为内容的财产关系。

二、劳动关系的类别划分

(一)根据实现劳动过程的方式来划分

根据实现劳动过程的方式分为:直接实现劳动过程的劳动关系和间接实现劳动过程的劳动关系。

直接实现劳动过程的劳动关系,即用人单位与劳动者建立劳动关系后,由用人单位直接组织劳动者进行生产劳动的形式,当前这一类劳动关系占绝大多数。

间接实现劳动过程的劳动关系,即劳动关系建立后,通过劳务输出或借调等方式由劳动者为其他单位服务实现劳动过程的形式,这一类劳动关系目前占少数,但呈逐渐增多趋势。

（二）根据劳动关系的具体形态来划分

根据劳动关系的具体形态可分为：正常情况下的劳动关系、停薪留职形式、放长假形式、待岗形式、下岗形式、提前退养形式、应征入伍形式，等等。

正常情况下的劳动关系：这是最常见的劳动关系形式，是指雇主与员工之间建立的正式雇佣关系。在这种形式下，员工按照合同约定的工作时间和工作内容履行自己的职责，雇主支付相应的工资和福利待遇。

停薪留职形式：这种形式适用于员工因个人原因需要暂时离开工作岗位的情况。在停薪留职期间，员工不再享受工资和福利待遇，但保留其原有的职位和劳动关系。当员工回到工作岗位时，可以继续履行自己的职责。

放长假形式：这种形式适用于员工因特殊原因需要长时间休假的情况。在放长假期间，员工不再履行工作职责，但仍然保留其原有的职位和劳动关系。当员工结束休假后，可以重新回到工作岗位。

待岗形式：这种形式适用于员工因单位经营状况不佳或其他原因而暂时无法正常工作的情况。在待岗期间，员工不再履行工作职责，但仍然保留其原有的职位和劳动关系。当单位恢复运营或找到新的工作机会时，员工可以重新回到工作岗位。

下岗形式：这种形式适用于员工因单位裁员或其他原因而被解雇的情况。在下岗后，员工会失去原有的职位和劳动关系，需要寻找新的就业机会。

提前退养形式：这种形式适用于员工因年龄、健康状况或其他原因需要提前退休的情况。提前退养后，员工不再履行工作职责，但仍然享受相应的退休金和福利待遇。

应征入伍形式：这种形式适用于员工因国家需要而参军入伍的情况。在应征入伍期间，员工失去了原有的职位和劳动关系，但享有相应的军事待遇和福利。

除了以上列举的几种形式外，劳动关系还可以根据具体情况进行灵活调整和变化。不同的劳动关系形式对于雇主和员工都有一定的影响，因此在制定劳动合同和处理劳动关系问题时，需要根据实际情况进行合理的安排和管理。

（三）根据劳动关系规范程度划分

根据劳动关系规范程度分为：规范的劳动关系、事实劳动关系和非法劳动关系。

规范的劳动关系：是指根据法律规定，通过签订劳动合同建立起来的劳动关系。在这种关系中，雇主和劳动者之间有明确的权益和义务，双方在合同中约定了工作内容、工作时间、工资待遇等事项，并且双方都必须遵守合同的约定。

事实劳动关系：是指在没有签订劳动合同的情况下，劳动者已经成为单位或个体经济组织的成员，并为其提供有偿劳动的情况。在这种情况下，虽然没有书面合同，但劳动者与单位之间存在一种事实上的雇佣关系，劳动者为单位提供了劳动力，单位则为劳动者支付相应的报酬。

非法劳动关系：是指违反法律规定的劳动关系。例如，招用童工和无合法证件人员，即雇主雇用未成年人或者没有合法身份证明的人员从事劳动；或者用人单位招用没有合法证件的劳动者，即雇主雇用没有合法就业资格的劳动者从事劳动。这些行为都是违法的，不符合法律规定的劳动关系。

第二节　劳动关系的环境及主体

一、劳动关系的环境分析

在当今社会，劳动关系是单位运营中不可或缺的一部分。为了确保单位的稳定发展和员工的福利，对劳动关系进行环境分析是至关重要的。

（一）经济环境

经济的波动和变化会直接影响单位的经营状况及员工的就业情况。在经济增长时期，单位通常需要增加员工数量以满足市场需求的增长。这可能导致劳动力供应紧张，从而增加员工的工资和福利待遇。随着单位扩大规模和增加产能，员工可能会享受到更多的就业机会和更好的工作条件。

经济环境的变化还会对劳动关系的稳定性产生影响。在经济增长时期，单位通常会提供更多的培训和发展机会，以吸引和留住优秀的员工。这有助于建立稳定的劳动关系，提高员工的工作满意度和忠诚度。但在经济衰退时期，单位可能会削减培训和发展预算，导致员工的职业发展受限。这可能会引发员工的不满和离职意愿，对劳动关系产生不利影响。

此外，经济环境的变化还会对工会组织和集体谈判产生影响。在经济增长时期，工会组织通常有更多的资源和能力来维护员工的权益和利益。他们可以通过集体谈判来争取更好的工资和福利待遇，以及改善工作条件。但在经济衰退时期，工会组织可能面临资金短缺和会员减少的问题，导致其影响力减弱。这可能会削弱工会组织在劳动关系中的地位和作用。

（二）法律和政策环境

各国的法律和政策对劳动关系有着不同的规定和要求。例如，一些国家实施严格的劳动法规，保护员工的权益，限制雇主的权力。这些国家通常会设立最低工资标准、工时限制、福利保障等措施，以确保员工的基本权益得到保障。而也有一些国家对劳动关系的管理相对宽松，给予雇主更大的自主权。这些国家可能会更加注重市场的自由竞争，允许雇主在雇用、解雇、薪酬等方面拥有更大的决策权。这种宽松的管理方式会为单位提供更多的灵活性和创新空间。

然而，这些法律和政策的变动会对劳动关系产生直接的影响。当一个国家的法律和政策发生变化时，单位需要密切关注并遵守相关法规。如果单位未能及时了解并适应新的法律要求，可能会面临法律责任和经济损失。

因此，单位应该建立健全法律顾问团队，定期进行法律风险评估，并与政府相关部门保持密切联系，及时了解最新的法律和政策动态。同时，单位还应该加强内部培训，增强员工对法律和政策的理解与遵守意识，确保单位的运营符合法律法规的要求。

（三）技术环境

技术环境给劳动关系带来了新的挑战和机遇。随着科技的不断进步，许多传统的工作被自动化和数字化取代，这对劳动关系产生了深远的影响。一方面，自动化和数字化可以提高生产效率，减少人力成本，为单位带来更大的竞争优势；

另一方面，科技进步可能导致大量工人失业或需要转行，给他们的生活和职业发展带来困扰。

面对这一挑战，单位需要积极适应技术变革，并为员工提供培训和发展机会，以帮助员工适应新的工作环境。具体措施如下。

首先，单位可以投资员工的技能培训，使他们具备掌握新技术的能力。这包括提供在线培训课程、组织内部培训和外部培训等方式，帮助员工掌握新的技术和工具。通过提升员工的技术水平，使员工更好地适应自动化和数字化带来的变化，并在新的工作环境中发挥更大的作用。

其次，单位可以为员工提供职业发展机会，鼓励他们在技术领域精耕细作。这可以通过设立专门的技术岗位、提供晋升机会和实施激励措施等方式实现。通过给予员工更多的发展空间和机会，单位可以留住那些具备技术专长的员工，并激发他们的创造力和创新能力。

最后，单位可以与教育机构和行业协会合作，共同开展技术培训和研究项目。通过与外部机构的合作，单位可以获得更多的专业知识和资源，为员工提供更全面的培训和发展机会。同时有助于单位与行业建立良好的合作关系，促进技术创新和人才培养。

（四）社会文化环境

不同的社会文化背景和价值观会塑造员工对单位不同的期望和行为方式，进而影响劳动关系的建立和发展。

有些文化强调团队合作和集体利益。这种文化背景下的员工更倾向于以团队为单位合作，注重整体利益而非个人成就。他们更愿意为了团队的成功而付出努力，愿意与他人分享知识和资源。在这种文化中，单位可以通过鼓励团队合作、设立奖励机制来促进员工的积极参与和协作精神。

而有些文化更加注重个人主义和个人成就。在这种文化中，员工更注重个人的发展和独立思考，追求个人目标和成就。他们更加倾向于独立工作，不愿意过多地依赖他人或参与团队合作。对于这种文化背景下的员工，单位可以提供适当的培训和发展机会，激励他们发挥个人潜力，尊重他们的个人选择和决策。

单位需要了解和尊重不同文化的差异，建立和谐的劳动关系。首先，单位应该通过培训和教育，提高员工对不同文化的理解和尊重。这有助于减少文化冲突和误解，促进员工之间的相互理解和合作。其次，单位可以采取灵活的管理方式，适应不同文化背景下员工的需求和偏好。例如，在强调团队合作的文化中，可以设立团队奖励机制；而在注重个人成就的文化中，可以提供更多的个人发展机会。最后，单位还可以通过多元化的招聘和晋升机制，吸引和留住来自不同文化背景的员工，增强单位的创新能力和竞争力。

二、劳动关系的多元主体

劳动关系的多元主体是指在劳动过程中涉及的各方参与者，包括雇主、雇员、工会、政府等。这些主体在劳动关系中扮演着不同的角色、承担着不同的责任，共同维护和促进劳动者的权益与福利。[①]

（一）劳动者与工会组织

1.劳动者

在研究雇佣关系中主体双方的权利义务关系的劳动关系学中，劳动者是劳动关系的主体之一，该定义体现和反映了现代产业中的劳动关系特征。劳动关系中的劳动者，指在现代产业社会中受雇于他人，以劳动工资收入为基本生活来源的体力和脑力工作者。

（1）劳动者的权利

第一，平等就业。劳动就业权即劳动权，是指具有劳动权利能力与劳动行为能力，并有劳动愿望的劳动者依法从事有劳动报酬或经营收入的劳动的权利，是劳动者享有平等就业和选择职业的权利。劳动就业权是劳动者赖以生存的权利，是各国宪法确认和保护公民的一项重要的基本权利。

第二，取得劳动报酬。劳动报酬权是指劳动者依照劳动法律关系，履行劳动义务，由用人单位根据按劳分配的原则及劳动力价值支付报酬的权利。劳动报酬权是宪法权利，世界各国均在宪法中明确规定劳动报酬权的相关内容。我国宪法明确规定实行各尽所能、按劳分配的原则，同时宪法还规定，实行男女同工同酬，国家在发展生产的基础上，提高劳动报酬和福利待遇。

---

① 黄任民.劳动关系与社会保障实务[M].北京：中央广播电视大学出版社，2013：26.

第三，享有休息休假权。休息休假权是劳动者依法享有的在法定工作时间外休息和休假的权利。就其性质而言，休息休假权实质上是劳动者的健康权和生命权，是关系到劳动者本人及生命延续和劳动力再生产的基本人权。我国宪法规定，劳动者有休息的权利，国家发展劳动者休息和休养的设施，规定职工的工作时间和休假制度。我国劳动法规定的休息时间包括工作间歇、两个工作日之间的休息时间、公休日、法定节假日及年休假、探亲假、婚丧假、事假、生育假、病假等。劳动法规定，用人单位不得任意延长劳动时间。

第四，获得劳动安全卫生保护。劳动安全卫生保护，是保护劳动者的生命安全和身体健康，是对享受劳动权利的主体切身利益最直接的保护。劳动是在各种不同环境、条件下进行的，在生产中存在各种不安全、不卫生的因素，如不采取防护措施，就会造成工伤事故和患上职业病，危害劳动者的安全和健康。

第五，接受职业技能培训。职业技能培训是指对准备就业的人员和已经就业的职工，以培养其基本的职业技能或提高其职业技能为目的进行的技术业务知识和实际操作技能教育与训练。我国宪法规定，公民有受教育的权利和义务。受教育既包括受普通教育，也包括受职业教育。如果公民没有接受职业技能培训的权利，劳动就业权利就无法充分实现。

第六，提请劳动争议处理。劳动争议指劳动关系当事人因执行劳动法或履行集体合同和劳动合同的规定引起的争议。用人单位与劳动者发生劳动争议，劳动者可以依法申请调解、仲裁，提起诉讼。在发生争议时有提请争议处理的权利，提请劳动争议处理也是劳动者其他合法权利的保证。

第七，享受社会保险和福利。疾病、年老等是每个劳动者都不可避免的，社会保险是劳动力再生产的一种客观需要。它是国家和用人单位依照法律规定或合同的约定，对具有劳动关系的劳动者在暂时或永久丧失劳动能力及暂时失业时，为保证其基本生活需要，给予物质帮助的一种社会保障制度。

（2）劳动者的义务

劳动者的义务是指劳动法规定的对劳动者必须做出一定行为或不得做出一定行为的约束。权利和义务是紧密联系的，任何权利的实现都是以义务的履行为条件，没有权利就无所谓义务，没有义务就没有权利。

劳动者的义务主要包括以下几点。

第一，完成劳动生产任务。劳动者有劳动就业的权利，而劳动者一旦与用人单位发生劳动关系，就必须履行其应尽的义务，其中最主要的义务就是完成劳动生产任务。这既是劳动关系范围内的法定义务，也是强制性义务。劳动者不能完成劳动任务，经过培训或调整工作岗位仍然不能胜任的，用人单位可以依法解除劳动合同。

第二，提高职业技能。提高技术业务水平和实际操作技能，使劳动者成为适应社会主义建设的熟练劳动者，有利于提高劳动生产率，加快社会主义建设的速度。

第三，执行劳动安全卫生规程。劳动者对国家及单位内部关于劳动安全卫生规程的规定，必须严格执行，以保障安全生产，从而保证劳动任务的完成。

第四，遵守劳动纪律和职业道德。遵守劳动纪律和职业道德是劳动者的基本义务。劳动纪律是劳动者在共同劳动中必须遵守的劳动规则和秩序。它要求每个劳动者按照规定的时间、质量、程序和方法完成自己应承担的工作。职业道德是从业人员在职业活动中应当遵循的道德规范。遵守劳动纪律和职业道德，是保证生产正常进行和提高劳动生产率的需要。现代社会化的大生产，客观上要求每个劳动者严格遵守劳动纪律，以保证集体劳动的协调一致，提高劳动生产率，保证产品质量。劳动者在维护单位和自身利益的同时，还要就自己提供的产品和服务向社会负责，这是现代社会法律要求劳动者必须履行的义务。

2.工会组织

工会，或称"劳工总会""工人联合会"。工会原意是指基于共同利益而自发组织的社会团体。现在一般指市场经济条件下，劳动者为改善劳动和生活条件而在特定工作场所自主设立的组织。

工会组织具有以下特点。

第一，工会因劳动关系冲突而产生。工会是市场经济中劳动关系矛盾冲突的产物。工会是作为与资本对抗的组织和力量产生与存在的，其作用在于平衡劳资关系双方的力量，目的在于使冲突的解决走向制度化。

第二，工会以集体谈判为基本手段。劳动者因为需要与雇主进行有组织的交涉而建立工会，工会成立后大多以集体谈判为谋取劳动者利益的基本手段。集体谈判成为以工会为主体一方的集体劳动关系的核心运行机制。

第三，工会由劳动者自愿结合并代表会员意志。几乎所有国家的法律都刻意强调工会组织是由劳动者自愿结合的。自愿性一般理解为特定工作场所的劳动者自主地建立或选择某个工会作为自己的代表，工会组织成立的主要意图是与用人单位谈判工资薪水、工作时限和工作条件等。

3.劳动者及其工会组织与社会保障的关系

劳动者及其工会组织与社会保障有着密切的关系。劳动者是社会保障的对象，其行为影响社会保障水平。同时，社会保障水平也会影响劳动者的生存状况，并通过激励机制影响劳动者工作的积极性，最终影响用人单位的绩效与发展前景。下面主要介绍工会参与社会保障体系。

（1）工会宏观参与、微观推进各项社会保障政策工作

职工的社会保障权益，主要是通过社会保障的各项法律和政策来体现的。工会要从整体上维护职工的社会保障权益，就必须首先在立法和政策制定参与上进入角色，在督促落实各项社会保障措施中发挥作用，这是工会参与社会保障制度建设担负的一项重要任务。

第一，搞好宏观参与，从源头上维护职工的社会保障权益。工会需要注重拓宽对政府民主参与的渠道，主动加强与同级政府及行政的联系和信息沟通，积极参加社会保障制度改革领导协调机构的工作。工会应参与相关社保工作领导机构的会议，审议有关政策法规和措施的制定，对职工群众关心的难点、热点问题，及时准确地反映，有理有据地提出工会的主张，努力推动职工的合理要求与工会的意见建议体现到法律法规和各项政策中去，从源头上保障职工群众劳动就业、收入分配、社会保障等方面的合法权益。

第二，反映职工意愿，参与各项社保法规政策的修订。鉴于现阶段我国的社保法律体系建设尚不健全，很多问题主要靠政府的政策来调节实际情况，为保证工会对社保有关政策的及时和有效参与，工会可通过与政府联席会和劳动关系三方协调会议、电话联系沟通、意见征询函件等形式，积极主动参与有关养老、失业、医疗、工伤、生育、最低生活保障、最低工资标准、社会救助、住房保障、贫困家庭学生免费教育等保险法规政策及地方政策的讨论、修订。

第三，加强联系沟通，协助职工群众解决社会保障问题。工会可以参与劳动部门建立完善最低工资制度，协助民政部门制定最低生活保障线，配合劳动和社会保障部门进行社会保险制度改革和扩大社会保险覆盖面，配合房管部门实施廉租住房工作，等等。

（2）把工会帮扶工作融入社会保障体系

工会组织需要发挥自身优势，认真开展扶贫帮困送温暖活动，补充社会保障的不足，协助政府编织适应职工基本生活需求的、更加细密的社会安全网。近年来，中国工会逐步打造和形成了针对困难职工家庭的"元旦春节送温暖""季度救助""金秋助学""工伤探视"等一系列帮扶工作品牌。工会不仅可以实施职工医疗互助互济计划，以提高医疗保障水平，增强职工抵御疾病风险的能力，还可以通过对职工进行职业技能培训及免费职业介绍等方式进行帮扶。

（二）雇主和雇主组织

1.雇主

关于雇主的定义，同样可以从劳动关系的角度来界定。在劳动关系中，雇主是相对于劳动者的劳动力使用者的称谓，即在现代产业关系中，雇主是指在具体劳动关系中与劳动者相对应的另一方，代表资方负责管理和处理劳工事务的法人和自然人。我国劳动法对于劳动力使用者并没有用"雇主"这一称谓，而是使用了"用人单位"这一概念。用人单位是指具有用人权利能力和用人行为能力，运用劳动力组织生产劳动，且向劳动者支付工资等劳动报酬的单位。

（1）雇主的权利

雇主的权利源于其对生产资料的占有权，为了妥善处理与工人和工会的关系，维护雇主自身利益和保证生产顺利进行而必须赋予的权利。各国的劳动法律都没有明确地对雇主权利做出规范，但在理论和实践上，雇主权利可以概括如下。

第一，组织权。不仅工人有组织权，雇主也有组织权。作为核心劳工标准的国际劳工组织87号公约——《结社自由和保护组织权利公约》规定："工人和雇主没有任何区别，应有权建立和仅根据有关组织的规则加入各自选择的组织，且不须事先批准。"与此相适应，一些国家在关于工会组织的立法中也明确规定了雇主组织的权利。雇主组织成立的目的在于对抗劳动者的要求，以维护自身在劳动关系中的利益。

第二，劳动指挥权。劳动指挥权是雇主拥有的核心权利。因为雇主是生产资料的所有者，可以自由分配处置生产资料，所以雇主在生产过程中享有相对优势的指挥权，这也是保证生产经营正常运行和提高劳动生产率的必要前提。雇主要根据本单位的实际情况制定各项规章制度，并要求劳动者遵守，在劳动过程中，雇主也有权要求劳动者按质保量地完成劳动任务。雇主有权要求劳动者努力提高职业技能，认真执行劳动安全卫生规程，严格遵守劳动纪律和职业道德。

第三，奖惩权。奖惩权可以理解为雇主实施劳动指挥权的延伸和补充。奖惩权是雇主谋求单位生存、提高生产率和维持单位秩序的重要手段。一般法律中不对雇主的奖励措施进行规定，而是由雇主根据单位的具体情况和雇员在生产过程中的表现设计奖励措施与内容。一般各国都对雇主所能采用的惩罚措施进行了明确规定。惩罚措施不能危及雇员合法的人身和经济权利，可以采用警告、谴责、降职、降低工资、停职、解雇等方法。

第四，闭厂权。闭厂权，可以理解为相对于劳动者集体争议权的"雇主的争议权"。相对于工会享有的集体争议权，闭厂权是雇主对抗劳动者罢工的唯一具有实效的手段。根据劳资关系对等的平衡理念，雇主不得以罢工为理由解雇正当罢工的工人，只能以关闭工厂为手段来对抗工人的罢工行为。雇主行使闭厂权必须遵守两个原则：一是不得在工人罢工之前采用攻击性的闭厂手段；二是闭厂不得作为对抗罢工的手段，必须在一定限度内进行。

（2）雇主的义务

第一，平等雇用劳动者。雇主作为劳动力的使用者，应根据本单位的生产需要、经营特点和经济效益，平等择优地雇用劳动者，不得因种族、肤色、性别、民族血统或社会出身等原因，具有取消、损害就业或职业机会均等和待遇平等作用的任何区别、排斥与优惠。虽然雇主有权择优录用职工，但雇主的用人自主权是不能无限扩大的。雇主的用人自主权是相对的、有条件的，雇主设置的招聘条件必须基于该职位工作的性质、需求及其他相关因素所必需的条件。如果不是基于该职位所必需的"合理差别"而设的就业限制就是歧视，雇主的就业歧视既侵害了公民的平等就业权，也违反了宪法、法律和国际标准。

第二，提供劳动报酬。劳动报酬是劳动者在劳动关系中享有的基本权利。劳动者为了获得报酬才与雇主确定劳动关系，作为雇主使用劳动力的代价，雇主应遵循按劳分配原则，支付给劳动者不低于当地最低工资标准的工资，保障劳动者的劳动报酬权。

第三，保证劳动者的休息休假权。雇主应按照法定的工作时间安排本单位的生产，保证劳动者有充分的时间休息和休假，不得随意延长工作时间，确实需要延长的，要依法办理，保障劳动者享有休息休假的权利。

第四，提供社会保险。社会保险的模式和内容不尽相同，但基本上都覆盖了养老、医疗、工伤、失业等方面，保险费用大多采用国家、雇主和劳动者合理分摊的方式。对于雇主而言，缴纳社会保险是其义不容辞的责任。雇主要依法缴纳各种社会保险费，为劳动者提供各种社会保险待遇，并在发展生产的基础上，提高职工福利待遇和福利水平，保障劳动者享有社会保险和福利的权利。

第五，保证劳动者安全和健康。劳动者个人的安全和健康是雇主维持正常生产和提高劳动生产率的必要条件。虽然劳动者的安全与健康涉及国家、雇主和劳动者的共同责任，但其直接与工作场所有关，因此保护劳动者的安全和健康是雇主的义务。雇主应依法向劳动者提供符合国家规定的劳动安全卫生条件和各种劳动保护措施，严格执行国家规定的劳动安全卫生规程，做好伤亡事故和职业病的预防与处理工作，依靠技术进步，改善劳动条件，减轻职业危害，保障劳动者在劳动过程中的生命安全和身体健康。

第六，提供职业培训。职业培训又称"职业技术培训"或"职业能力开发"，指为适应经济和社会发展的需要，对要求就业和在职人员以培养与提高职业能力为目的的智力开发活动。各国的法律都十分强调政府、雇主和社会机构在职业培训中的作用。

2.雇主组织

（1）雇主组织的形式

雇主组织是指由雇主（用人单位）依法组成的，旨在代表、维护雇主利益，并努力调整雇主与雇员及雇主与工会之间关系的团体组织。雇主组织建立的宗旨和目标是维护雇主利益、建立协调的劳资关系、促进社会合作。其形式多种多样，主要有以下三种类型。

第一，行业协会。行业协会是指介于政府、单位之间，商品生产者与经营者之间，由某一行业单位组成的单一的全国性行业协会，为其成员提供服务、咨询、沟通、监督、公正、自律、协调的社会中介组织。行业协会是一种民间性组织，它不属于政府的管理机构，是政府与企业的桥梁和纽带。在少数国家，行业协会作为地区和国家级雇主组织的中间环节，直接参与劳资谈判，确定行业性的集体协议框架。行业协会是我国民间组织社会团体的一种，即国际上统称的非政府机构（NGO），属非营利性机构。

第二，地区性协会。由某一地区的多种单位组成的地区性协会，代表该地区雇主的共同利益。这种协会一般与全国性雇主协会一样，负责处理劳动关系等涉及雇主权利的事宜。

第三，国家级雇主联合会。国家级雇主联合会由全国行业和地区雇主协会组成，即国家级雇主组织。它主要负责处理劳资关系各个方面的事务，包括与工会的关系、劳工政策、参与劳动立法、行政管理和仲裁，其主要工作是与工会协商劳资关系。

（2）雇主组织的作用

一是集体谈判。同工会进行谈判，签订集体协议，协调劳动关系，既是雇主组织发展的最基本原因，也是雇主最基本的功能和经常性的重要工作。雇主组织原则上是谈判的主体，代表雇主利益与工会进行谈判。中国企业联合会（以下简称"中国企联"）是国际劳工组织和中国政府承认的中国雇主代表性组织。与工会从上到下的组织体系不同，中国企联在许多一级区县并没有相应的分支机构，因而在开展区域性、行业性集体谈判和集体协议制度中，单位方主体缺位显得更为突出。除了产业和地方一级谈判中确立雇主与雇主组织之间的关系外，在单位间理顺单位、工会和管理方之间的关系也是集体谈判的一个难题。

二是参与立法和政策制定。雇主组织的另一个重要作用是参与制定和修改有关劳动关系的立法。其通常采用三种方式：第一，通过在有关立法机构中吸收雇主组织代表参加；第二，通过游说影响政府在立法和政策制定中的立场；第三，通过三方协商机制。由于一些雇主组织与产业协会实现了合并，因此雇主组织同时承担着经济政策的协调工作，包括经济环境、产业发展、贸易拓展等。为了推进和保证雇主组织作用的发挥，各级协会都十分重视雇主间的意见协调，以及与立法机构、政府部门、工会组织、媒体的沟通，强化自身的研究、培训、咨询、出版与宣传职能。

三是提供法律、培训等服务。雇主组织可以提供培训服务、劳动关系服务及研究和信息服务。培训服务的内容主要包括劳动关系培训（劳动法、集体谈判、制定工资政策、劳动关系法规和规则等）和人力资源发展培训（有效监督技巧、领导和劳动关系技巧、有效的时间管理、工作场所的职业安全与卫生等）。劳动关系服务包括咨询、代表和会议三个部分。咨询服务包括通过电话的咨询，直接与顾客进行有关问题的研讨，就劳动条件、所有权变更等具体专题提供咨询服务；代表服务包括代表会员参与集体谈判，劳动调解，出席劳动法庭案件的审理。

3.雇主及其组织与社会保障的关系

（1）雇主是社会保障经费的主要提供者

社会保障资金"取之于民，用之于民"，主要有以下几个渠道。①国家财政负担。国家通过税收征集财政资金，国家财政承担着对低收入阶层的援助及社会的共同福利。同时，国家财政也承担着社会保险的部分责任，如允许单位为职工缴纳的社会保险费在税前列支；当社会保险基金因收支不平衡而出现赤字时，国家财政提供补贴等。②用人单位负担。雇主或用人单位负有为其职工提供一部分社会保障基金的义务，可以在税前列支，成为人工成本的一部分。③个人负担。个人负担可以增强自我保障意识，并有利于加强人们对社会保障基金的管理和监督。④社会及个人的赞助。⑤社会福利有奖募捐。社会福利有奖募捐已成为许多国家经久不衰的一种社会筹资形式。⑥社会福利设施的资金筹集。⑦社区服务的资金筹集。⑧其他按规定收取的滞纳金、社会保障基金存款利息及保值增值的收入等。

作为社会保障的核心部分，社会保障基金的来源主要有社会保险费、政府资助或补贴、基金的投资运营收入，以及滞纳金和罚金收入。在社会保险费的负担方式中，常见的有以下几种：单位（雇主）与被保险人共同负担，单位（雇主）和政府共同负担，政府和被保险人共同负担，政府全部负担，单位（雇主）全部负担，被保险人、单位（雇主）和政府三方共同负担。

一般来说，社会保障基金主要来源于劳动者、用人单位、政府和社会，具体到不同的保障项目，保障的责任、范围、基金来源渠道也不相同。大多数国家规定养老、伤残和遗属保险基金由国家、用人单位和个人共同负担。对于工伤保险、失业保险等基金，一般是两方或一方出资负担，多数国家规定工伤保险基金由用人单位承担，这反映了雇主应对遭受工伤伤害的劳动者进行补偿的原则。

由以上社会保障资金来源可以看出，单位（雇主）是社会保障经费的主要承担者，这是因为：①社会保障费用的大头——社会保险费主要来自单位，不管出资者名义上是单位还是个人；②政府负担的部分其实最终也大部分出自单位缴纳的税收；③单位承担着部分社会福利经费。

（2）社会保障水平影响雇主的用工成本

我国统计制度将人工成本定义为单位在一定时期内，在生产、经营和提供劳务活动中因使用劳动力而支付的所有直接费用和间接费用的总和。单位人工成本包括职工工资总额、社会保险费、职工福利费、职工教育费、劳动保护费、职工住房费和其他人工成本费七大项。其中，职工工资总额是人工成本的主要组成部分，位居第二、第三的分别是社会保险费和职工福利费。由此可见，社会保险费是人工成本构成中的一个重要项目，社会保险费缴费比例的高低，即社会保障水平的高低，直接影响到雇主的用工成本。社会保险缴费率调高，则带动人工成本的上升；社会保险缴费率调低，则人工成本水平相应下降。

（3）社会保障水平影响员工工作积极性与单位绩效

公平是社会保障制度的本质特征，而公平本身应该是保护与激励的统一，因此，社会保障制度应是兼顾保护与激励的公平。

社会保障的利益轴心激励功能主要通过以下机制实现。

第一，加大个人对社会保障资金的供给份额，使公民清楚意识到社会保障资金的获取及其获取份额的多少与自己缴纳的社会保障金及其多少有关，进而激励公民为获得更高的保障而努力劳动和积极缴纳保障金。

第二，缴纳社会保障金应该与工资挂钩，进而与津贴和保障金发放多少挂钩。这种多劳多贡献，就多获取社会保障给付的分配机制，能够激励劳动者和公民的劳动积极性。

第三，社会保障报酬作为员工薪酬的一部分，通过"效率工资"机制，与员工的劳动积极性呈正相关，即社会保障水平越高，员工的工作积极性越高，单位的绩效也就越好。

（三）政府和非政府组织

1.政府

根据《中华人民共和国宪法》规定，我国政府的基本含义包括以下几个方面的内容。①国家和地方各级人民政府由相应的人民代表大会产生，是国家权力机关的执行机关。②政府向本级权力机关负责，还要向上一级政府负责，向其报告工作并接受其监督。③各级政府的行政管理，从范围来说是全方位的，但其特定的任务就是领导、组织和管理国家公共行政事务。④政府拥有法定的行政管理和执行权力，运用行政手段对社会生活进行指挥。⑤为人民服务是国家和各级政府的宗旨，是一切行政措施的出发点和落脚点。

（1）政府在劳动关系中的作用

第一，制定劳动政策。政府作为劳动关系立法的制定者，通过立法介入，规制影响劳动关系。立法是政府的一项重要职能，政府通过出台法律法规来调整劳动关系。劳动行政的主要作用是劳动政策的制定，包括为实现法律规定的具体权利、利益，制定政策、政策解释，以及组织实施和实施监督。政府立法活动主要在三个领域：一是有关个人合法权利的立法，二是有关集体权利的立法，三是有关建立集体谈判机制的立法。政府是劳动关系的政策制定者和宏观调控者。

第二，建立与完善劳动市场。发展和维持市场经济是以劳动力市场的形成为前提条件的，各个主要市场经济国家都在宪法中对公民的流动自由做出了保障。劳动行政在完善劳动力市场中的责任主要体现在促进劳动力流动、职业介绍、就业培训、失业保险等方面。通过就业政策，包括运用税收和货币手段，调节劳动力的需求；通过人力资源政策，包括开展职业预测、职业培训和再培训，调节劳动力的供给；通过调节工资价格变动的工资政策、就业服务政策、社会保险制度，以及保证公平就业和公平报酬的反歧视政策与劳动保护等，保障劳动者的经济利益、就业权利和就业条件，促进劳动力市场的形成。

第三，维持并提高劳动条件。劳动条件对劳动者来说是不可或缺的生活来源，对单位来说是保全劳动力、维持生产和扩大再生产的前提，因此劳动条件在劳动关系中占有重要位置。但维持和提高劳动条件，需要单位支付很大一部分成本，这在很大程度上影响了单位的收益，因此劳资对立主要是劳资之间的利益对立，并且大多时候是围绕劳动条件而产生的对立，所以完善的劳动条件是协调劳动关系的重要因素。为提高国家竞争力和扩大内需以维持和发展市场经济，政府必须维持和提高劳动者的劳动条件。

第四，协调劳动关系。劳动关系的协调最终需要劳资双方的合意，但因劳资双方力量悬殊，这种合意往往很难实现，这时候就需要政府的力量进行协调。政府要鼓励和支持劳动关系双方尽可能通过调解和仲裁程序解决劳动争议，一旦进入诉讼程序需要努力促进公正裁判，避免出现激烈的冲突。政府对弱势群体的劳动争议诉讼应当实行援助，从财力上支持工会建立困难职工法律援助制度。

政府在劳动关系中具体发挥组织、平衡、监督、服务的作用。①组织作用。政府的职责决定了其主导地位和组织者的身份。②平衡作用。当劳资双方在某一时期或某一问题上出现了分歧，一方力量明显大于另一方时，双方的协商会困难重重，协商结果也不利于共同合作，对经济发展和社会安定产生消极影响。此时政府的作用就是采取强硬的调整措施，使双方力量保持平衡。③监督作用。这是政府在三方协商格局中主要发挥的作用，通过政府监督和指导集体合同的订立，确保劳资双方协商内容的公平、合理、合法、完备和可行。监督方式为登记、备案、审查或批准。④服务作用。政府在三方协商机制中主要的作用将成为一种服务关系，即政府为劳资关系的协调创造条件和提供服务。

（2）政府在社会保障事务中的角色

世界各国政府都不同程度地介入社会保障领域，究其原因，主要包括以下几个方面。首先，社会保障具有典型的公共性，离不开政府的扶持与投入；其次，社会保障具有强制性，只有政府这一权威主体，才能全面推行这项政策；最后，生产社会化的不断深入，社会成员的基本保障问题不再是单位、个人和家庭有能力解决的经济问题，社会保障的最终责任主体只能是国家或政府。政府必须承担起满足公民社会保障需求的责任，主要包括以下几个方面。

一是制度设计。社会保障制度作为公共选择的产物，决定了政府应当承担制度设计、建设和改革的责任。在政府主导社会保障的前提下，建立什么样的社会保障制度，坚持什么标准，采用什么模式，各方主体的责任如何划分及社会保障制度如何实施等，都需要政府在制度设计方面发挥应有的作用。

二是健全法制。世界上任何一个国家社会保障体系的建立，无不以制定和实施社会保障法律为起点。社会保障的强制性必须通过国家立法才能得到有效的体现。

三是财政支持。在现代社会保障体系中，政府的财政支持是社会保障资金的主要来源之一。中国社会保障中的社会救助、社会福利和优抚安置所需资金，基本上是国家财政拨付的；而社会保障所需资金，虽通过单位和个人缴费筹集，但其缺口也需要国家财政予以补充。因此，没有国家财政作为经济后盾，很难建立和完善社会保障体系。

四是监督管理。监督管理是保证社会保障体系良性运行的必要条件。实践表明，政府必须加大对社会保障的监管力度。政府监督检查各项社会保障规章制度的落实情况，对社会保障领域出现的各种违法行为、基金贪污挪用行为、执行不到位现象等进行事前监督和事后严惩。

五是基金管理。社会保障基金是指国家或社会依法建立的用于保证全体社会成员最基本经济生活需要的专项基金。选择合理的社会保障基金筹集模式，对基金进行良好的管理和高效的运用，确保基金的安全完整和保值增值是各级政府义不容辞的责任。

2.非政府组织

非政府组织是一个集合概念，美国约翰·霍普金斯大学公民社会研究中心的著名学者莱斯特·萨拉蒙认为，符合以下几个条件可以称为"非营利组织"或"非政府组织"：①组织性，即这些机构都有一定的制度和结构；②私有性，即这些机构都在制度上与国家分离；③非营利属性，即这些机构都不向它们的经营者或所有者提供利润；④自治性，即这些机构大多是独立处理各自的事务；⑤自愿性，即这些机构的成员不是法律要求而组成的、这些机构接受一定程度的时间和资金的自愿捐献。按照这个标准，与政府、单位相区别的那些不以营利为目的，旨在实现公共利益的民间组织都属于非政府组织的范畴，包括独立组织、民间组织、第三部门、志愿协会等。

（1）非政府组织的行动目标

非政府组织作为独立于政府、单位的公益组织，其关心的问题主要是一些与公众生活息息相关的全球性问题，其中包括对劳工权益保护问题的关注。尤其是各类国际人权非政府组织对劳工人权问题给予了极大关注。

充分的人权，是人类长期以来的追求。20世纪以来，人权已经成为国际社会普遍关注的重大议题之一。劳工权利是人权，可以被看作工作中的人权。

人权非政府组织关注劳工权益的维护。相对于工作对象主要为工会组织中工人的雇主组织而言，非政府组织中的人权组织对提高在发展中国家和发达国家的非工会组织的工人的劳动条件，以及女性工人和移民工人的问题更感兴趣。

（2）非政府组织通过促进劳工标准发挥作用

劳动关系协调和社会保障是劳工标准的重要内容，而劳动标准的其他方面也会影响到劳动关系状况。因此，非政府组织对劳工标准的推动，体现了它在劳动关系协调和社会保障事务中的角色与作用。

非政府组织主要通过积极推动劳工标准理论研究、现实调查、生产守则运用和开展劳工能力建设等方式促进劳工标准。其活动方式主要是切实提倡和采取行动，通过给政府或单位施加压力与政府或单位合作，劝说各国政府及其单位建立、接受和执行国际劳工标准的有关规范。

第三节　劳动争议的化解机制思考

劳动关系是现代社会最重要、最常见的社会关系之一，妥善公正地处理劳动争议，切实维护劳资双方的合法权益，促进全社会用工的合法化、正规化，是构建新时代社会主义和谐社会的重要组成部分。近年来，随着我国经济的快速发展，劳动争议逐年递增，始终保持在高位运行的态势。

2022年，最高人民法院和人力资源社会保障部联合印发《关于建立劳动人事争议"总对总"在线诉调对接机制的通知》，提出将人民法院调解平台与劳动人事争议在线调解服务平台对接，共同为当事人提供全流程在线调解服务。我国劳动争议化解机制重解决、轻预防、对信息技术的运用不够，导致劳动争议化解无法满足经济和社会的发展需求。如何针对劳动争议的特点，构建便捷高效的劳动争议化解机制是当前亟须解决的问题。本节通过分析当前劳动争议化解机制存在的问题，更新纠纷化解理念，构建"漏斗型"在线化解机制，以期为劳动争议化解机制的未来发展提供启示。

一、劳动争议概述

劳动争议也称"劳动纠纷"，是指劳动关系双方当事人之间因劳动权利和劳动义务的认定与实现发生的纠纷。劳动争议实质上是劳动关系当事人之间利益矛盾、利益冲突的表现。

（一）劳动争议的特征

劳动争议与其他社会关系纠纷相比，具有如下特征。

第一，劳动争议的当事人是特定的。劳动争议的当事人就是劳动关系的当事人，即一方为单位，另一方为劳动者或其团体，并且只有存在劳动关系的单位和劳动者或其团体才有可能成为劳动争议的当事人，其他纠纷的当事人则不具有这个特点。

第二，劳动争议的内容是特定的。劳动争议的标的是劳动权利和劳动义务。劳动权利和劳动义务是依据劳动法律、法规，劳动合同、集体合同等确定的。因此，劳动争议在一定意义上说是因实施劳动法而产生的争议，如就业、工资、工时、劳动条件、保险福利、培训、奖惩等各个方面，内容相当广泛。凡是以劳动权利义务之外的权利义务为标的的争议都不属于劳动争议。

第三，劳动争议有特定的表现形式。一般的社会关系纠纷表现为争议主体劳动关系管理之间的利益冲突，其影响范围通常局限在争议主体之间，而重大的集体劳动争议、团体劳动争议除表现为一般劳动关系纠纷的形式外，有时还会以消极怠工、罢工、示威、请愿等形式出现，涉及面广，影响范围大，甚至超越事发地区，有的甚至造成国际性影响。

（二）劳动争议的分类

按照不同的标准，可将劳动争议作如下分类。

1.按照劳动争议的主体划分

一是个别争议。职工一方当事人人数为2人以下，有共同争议理由的为个别争议。

二是集体争议。职工一方当事人人数为3人以上，有共同争议理由的为集体争议。

三是团体争议。工会与用人单位因签订或履行集体合同发生的争议为团体争议。

2.按照劳动争议的性质划分

一是权利争议。权利争议，又称"既定权利争议"，指劳动关系当事人基于劳动法律法规的规定，或集体合同、劳动合同约定的权利与义务所发生的争议。在当事人权利义务既定的情况下，只要当事人双方都按照法律或合同的规定或约定行使权利、履行义务，一般不会发生争议；若当事人不按照规定行使权利、履行义务，侵犯另一方既定权利，或者当事人对如何行使权利义务理解上存在分歧，争议就会发生。

二是利益争议。利益争议是指当事人因主张有待确定的权利和义务所发生的争议。在劳动关系当事人的权利义务尚未确定的情况下，双方对权利义务有不同的主张，即因当事人的利益未来如何分配而发生的争议。显然，只有在存在劳动关系的情况下，才会发生此类争议。它通常表现为签订、变更集体合同时所发生的争议。

3.按照劳动争议的标的划分

一是劳动合同争议。因解除、终止劳动合同而发生的争议即劳动合同争议。例如，因开除、除名、辞职等对适用条件的不同理解与实施而发生的争议。

二是关于劳动安全卫生、工作时间、休息休假、保险福利而发生的争议。

三是关于劳动报酬、培训、奖惩等因适用条件的不同理解与实施而发生的争议。

（三）劳动争议产生的原因

1.劳动争议的内容是以劳动权利和义务为标的

权利义务的基础在于劳动法律、集体合同、劳动合同、单位内部劳动管理规则的规定或约定，是否遵循法律规范和合同规范是劳动争议产生的直接原因。劳动权利义务的内容涉及就业、工资、工时、劳动保护、保险福利、培训、民主管理、奖励惩罚等各个方面，内容十分复杂，任何一种不规范的行为都有可能产生争议。

2.劳动争议的实质是劳动关系主体的利益差别导致的利益冲突

市场经济的物质利益原则作用使得劳动关系当事人之间，既有共同的利益和合作的基础，又有利益的差别和冲突。劳动争议的实质，是劳动关系主体的利益差别导致的利益冲突。只要是市场经济体制，只要劳动关系当事人有相对独立的物质利益，劳动争议的产生就有其必然性。

二、劳动争议化解机制面临的现实困境

（一）成本高

不同于一般纠纷，劳动争议既涉及劳动者的经济利益，又关系到单位的生产经营，双方当事人对于纠纷化解的效率要求较高，如得不到及时妥善处理，使劳资关系僵持在冲突状态，会严重影响经济发展和社会稳定。因此，在构建劳动争议化解机制时，各国都遵循快速性、灵活性、低成本性等原则。我国将协商和调解作为解决争议的首选方式、将仲裁作为诉讼的前置程序，正是贯彻了上述设计理念，但在实际运行中的效果却不尽如人意。例如，劳动仲裁前置的初衷是提高司法效率，缩短劳动争议的处理时间，但事实上，除了一小部分劳动争议案件因为一裁终局的原因未能进入诉讼程序外，大部分案件最终仍然进入诉讼程序。此外，劳动争议的专业性较强，涉及的法律知识体系庞杂，程序烦琐，一般的劳资双方当事人很难独立完成纠纷化解，往往需要聘请律师提供法律服务。相对劳动争议的标的额来讲，当前的纠纷化解机制所花费的时间成本和经济成本较高。

（二）"信息孤岛"现象严重

在"一调一裁二审"的劳动争议化解机制下，参与劳动争议的部门主要包括基层调解组织、劳动争议仲裁委员会和法院。其中基层调解组织的形式主要是人民调解委员会，它属于群众自治组织，受司法行政部门的指导；劳动争议仲裁委员会是国家授权，依法独立以仲裁方式处理劳动争议的专门机构；法院是行使审判权的国家司法机关，严格按照法律规定和法定程序审理纠纷。三者分属不同体系，适用不同规则，资源难以共享，信息难以互通。以仲裁和诉讼为例，两者在程序上具有高度的相似性，都需要经过申请、受理、庭审、裁决等流程，但两者之间缺乏有效衔接，仲裁阶段的信息无法带入诉讼阶段，一旦当事人不服仲裁提起诉讼，所有流程都要从头开始。虽然最高人民法院与人力资源社会保障部意识到了这一问题，并要求各自的系统进行对接，但在落实推进过程中面临着诸多技术和机制上的障碍，目前不同部门的平台仍然相对闭合地独立运行，不仅线上机制与线下机制未能有效整合，而且与其他行业、组织建立的劳动争议化解平台未能实现全面对接和信息共享。

（三）预防机制欠缺

我国劳动争议处理机制的特色是建立了涵盖调解、仲裁、诉讼等各种纠纷解决方式的处理程序，并鼓励当事人优先选择快捷简便的解决方式，但当事人无法在纠纷发生的早期获得中立、客观的信息，从而准确理解相关证据和法律法规，提高对案件的认识，导致当事人在选择救济路径时存在失衡现象，过分依赖仲裁、诉讼等刚性救济，忽视了调解等灵活友好的方式。此外，随着私营中小单位数量的急剧增加及市场竞争的加剧，致使单位将主要精力投入到了生产经营领域，加之民营单位工会作用发挥不足，单位本身的劳动争议解决能力与意愿弱化。单位是劳动争议的发源地，单位内劳动争议的预防与处理做得不好，溢出到单位外的劳动争议就会变多。

（四）智能化程度不高

人工智能被誉为新时期的"电"与"蒸汽机"，能够为纠纷化解机制提供新动力，但当前劳动争议化解机制的智能化程度不高。

首先，人工智能依托的基础数据不充足，不能涵盖调解组织、仲裁机构、法院的数据，无法对劳动争议进行动态分析和准确预判，为当事人提供法律风险评估及最优化解方案建议。

其次，人工智能的发展水平仅限于弱人工智能水平，主要为当事人、调解员、仲裁员或法官提供法规和案例检索，根据裁判规则对一些费用进行自动计算，做不到智能调解和自动裁判。

最后，人工智能的技术应用范围较窄。语音识别、语义识别、情绪识别、机器学习等新兴技术在劳动争议化解机制中的运用相对有限，未能与劳动争议的特点和纠纷化解过程高度融合。

综上所述，当前劳动争议化解机制存在以下突出问题：投入成本过高、解决的过程冗长、缺乏预防与控制机制、与人工智能技术融合的程度较低。在社会转型时期，为了保证经济的平稳发展，创造和谐的用工关系，亟须对传统化解机制进行变革。

三、劳动争议化解机制理念的调整与革新

冲突是不可避免的，纠纷的发生和解决构成了人类社会发展的一对永恒的矛盾，人类社会正是在解决这对矛盾的过程中不断趋于进步的。从农业时代到工业时代、再到信息时代，每个时代的纠纷都具有不同的特点，随着纠纷的数量、类型、范围不断地变化，纠纷化解机制的理念也需要进行相应的调整和革新。

（一）传统纠纷化解机制面临的挑战

在信息时代，科技为社会发展带来活力的同时，也带来了纠纷数量的增长和种类的增多，并且两者之间呈现正向的关系，技术发展最快、创新最活跃的领域往往也是纠纷增长最快的领域。纠纷数量和种类的变化对传统的纠纷化解机制提出了挑战。司法系统囿于资金、人力等资源的有限，特别是场所的物理特性和法律的局限，无法应对日益增长的纠纷。诉讼外的纠纷化解机制虽然为当事人提供了非正式、灵活、非对抗性的不同程序选择，能够以简便快捷的方式解决纠纷，达成令当事人更加满意的结果，但面对面解决纠纷的形式需要当事人在特定时间和地点见面，在某种程度上阻碍了当事人选择这些方式解决纠纷。此外，依靠人力资源解决纠纷的形式对纠纷资源的数量与素质提出了较高要求，一旦调解员的供应跟不上纠纷数量增长的速度，案件积压的情况将严重影响调解的质量。

（二）现代纠纷化解机制带来的创新

为了回应纠纷种类和数量的变化，更好地接近和实现正义，有必要创设新的纠纷化解机制。20世纪90年代末以来，在电子商务发展的带动下，新兴的互联网和计算机技术开始与纠纷化解机制融合，衍生了在线纠纷化解机制。

在线纠纷化解机制最初被认为是信息通信技术与传统纠纷化解机制相结合的产物，强调纠纷解决工具和方式的变革，将化解方式从线下转变为线上。当事人不再受物理空间的限制，可以利用邮件、即时通信工具、视频等多种信息技术随时随地进行沟通，更加经济、简便、快捷地参与诉讼和非诉讼程序，纠纷化解机制也不再受人力和组织的限制，可以依靠人工智能，让信息技术作为第四方协助当事人协商和法官办案。在线模式的应用，不仅增强了纠纷处理能力，降低了纠纷解决成本，还提高了纠纷解决的自动化程度，为更加接近正义奠定了现实

基础。

随着信息技术的发展和纠纷化解理念的更新，在线纠纷化解机制被赋予了更广泛的现代化治理内涵，即依托互联网技术实现纠纷的预防与权利救济，将核心从解决转变为预防。纠纷预防与纠纷解决不同，可以在当事人没有意识到纠纷之前发生作用。大数据、算法等人工智能技术为纠纷预防的实现提供了可能，通过对纠纷发展过程中的数据进行收集和分析，提前预警纠纷发生的风险，提醒当事人或公共机构及时采取相应的防范措施。虽然纠纷预防可能无法直接增加"接近正义"的机会，但可以减少不正义情况的比例，减少阻碍正义情况的发生概率。这既变革了正义观念，又丰富了"接近正义"的内涵，发展为"数字正义"理论，即在原先传统纠纷化解机制的基础上，关注互联网语境下纠纷的发展变化和解决机制的创新，致力于利用技术解决和预防纠纷的产生。

（三）劳动争议化解机制理念的重塑

基于信息时代的特点，为了促进正义的实现，劳动争议化解机制在理念上应做出相应的转变。

一是注重系统的整体性。劳动争议化解机制是一个由多种纠纷化解方式构成的系统，与纠纷表现形态的多样化相比，纠纷化解方式相对有限，主要包括预防、协商（或谈判）、调解、仲裁、审判，以及在这些基础方式上衍生出来的新型方式或组合方式，如早期中立评估、调解+仲裁。在传统机制中，各种纠纷化解方式以其独立和封闭的方式运行，但现代机制以充分和高质量的大数据为基础，各种纠纷化解方式有了较强的兼容性和开放性，不仅信息可以共享，而且数据可以互通。

二是注重纠纷的预防。劳动争议化解机制遵循从化解成本低到化解成本高的原则，设计了以"一调一裁两审"为顺序的劳动争议化解机制。传统机制呈现的模式是一种金字塔结构，纠纷的预防处于顶端，所占比例最小。由仲裁、审判组成的纠纷解决方式处于底部，在整个系统中占据绝对核心的地位。而现代机制是一种倒金字塔结构，纠纷的预防所占比例最大，纠纷的解决所占比例最小，强调"将矛盾消解于未然，将风险化解于无形"，减少产生纠纷的数量。

三是注重系统的成本效益。在经济学的视域下，纠纷解决过程也是一种经济活动。传统机制主要通过仲裁费和诉讼费的减免与法律援助的方式减轻当事人的经济负担，但纠纷化解机制的整体运行成本居高不下。借助于互联网营造的虚拟空间和人工智能技术，现代机制应拓宽纠纷化解的渠道，为当事人提供更加便利的条件参与纠纷化解；加大数据的分析和规则的提炼，加强纠纷化解辅助工具的开发；引入区块链、智能合约等新的信息技术，降低举证成本，提高纠纷化解的效率。

四、优化劳动争议化解机制的路径

根据现代纠纷化解机制理念，如果将劳动争议化解的重心从解决环节向预防环节转变，同时将信息技术应用到传统机制中，发挥"互联网+"的作用，构建一种新型的在线化解机制，通过"一体化"平台整合各类劳动争议解纷资源，集合咨询、评估、协调、调解、仲裁、审判等多种功能，将所有与劳动争议化解相关的数据进行联通，将会起到事半功倍的效果，能够有效解决当前劳动争议化解机制中存在的问题。

（一）劳动争议在线化解机制的总体架构

遵循预防胜于治疗的理念，可以从纠纷预防、纠纷控制及纠纷解决三个层级构建劳动争议化解机制，这个架构是一个"漏斗型"结构。

第一层级是在线辅导。在线辅导的功能是回答当事人的咨询，帮助当事人评估他们的问题，避免当事人陷入法律困境。该功能通过信息和诊断服务的方式进行，适用面最广，受众最多，可以令大量纠纷在此层级消化。

第二层级是在线协助。在线协助功能是帮助当事人协商或调解，为他们提供建议，控制纠纷转变为案件。该功能通过两种方式实现：一种是让辅助人员通过问答对当事人进行积极引导，另一种是通过自动协商系统帮助当事人解决分歧。在线协助功能本身不具有约束力，但如果当事人可以接受结果，则可以有效地控制纠纷。

第三层级是在线裁决。在线裁决功能由仲裁部门或法院根据在线提交的电子文档，对案件做出全部或部分的裁决，这种机制属于在线诉求和抗辩的对抗制。裁决具有约束力和执行力。通过前面两个层级的分流，让尽可能少的纠纷进入这一层级。

上述纠纷化解架构改变了传统纠纷化解机制的方向，通过加大纠纷预防和控制环节的投入，大大减少了纠纷进入仲裁部门和法院的案件数量，降低了纠纷化解的成本。同时，在线技术的使用也大大提高了纠纷处理的效率，改善了纠纷化解的效果。

（二）劳动争议在线化解机制的功能模块

根据以上架构，劳动争议化解机制由在线辅导、在线协助、在线裁决三个功能模块组成。

1.在线辅导模块

在线辅导模块能为当事人提供业务咨询，帮助当事人对劳动争议问题进行自我评估，及时剔除不合实际的请求，提供公开、透明、统一的裁判标准，从而让当事人对纠纷的裁判具有可预见性，减少当事人因认知错误产生的隔阂，防止纠纷的产生。

以J.奥斯汀为代表的分析法学认为，法律推理应该依据客观的事实、明确的规则及逻辑去解决一切为法律所要求的具体行为，假如法律能如此运作，那么无论谁做裁决，法律推理都会导向同样的裁决。法律推理的关系模型，涉及法律规则与案件事实两个要素，只要法律规则与案件事实一致，那么无论是机器，还是裁判者，得出的结论都是一致的。在人工智能领域中，法律规则与案件事实都需要得到精确的"表述"。"表述责任"也被称为"知识获取问题"。对所有相关的法律和事实（或论证）进行表述，是最主要的一项工作。

具体到劳动争议在线化解机制中，最关键的是根据劳动争议的基本法律法规，提取相关的法律要素。以工伤待遇为例，涉及的法律要素包括受伤时间、伤残等级、是否解除或终止劳动关系、受伤前月平均工资、门诊就医天数、住院治疗天数、遵医嘱休息天数、遵医嘱需护理天数、医疗费、外地就医交通费、外地就医食宿费、康复费、辅助器具费、劳动能力鉴定费。法律要素的确定一方面减轻了当事人输入问题的盲目性；另一方面将当事人描述性的语言转换为机器识别的语言，为机器运用法律规则计算结果奠定了基础。

劳动纠纷的表现形式千变万化，寄希望于法律要素覆盖全部纠纷是不现实的，否则评估程序将变得异常复杂。为了满足特殊个案的评估要求，同时给机器评估的结果提供其他方式予以验证，在线辅导模块还应该提供其他评估方式，如类案推送、法规查询，用户通过了解类似或相同案情的裁判结果，可以加强内心确认。

在在线辅导模块中，如果劳动者或用人单位通过咨询评估解决了疑惑，或双方针对同一问题得出的评估结果一致，冲突就不会出现。如果劳动者或用人单位通过咨询评估得出的结论与现实不符，或双方针对同一问题得出的评估结果不一致，则需要进入第二层级在线协助模块，通过人工智能或第三方的介入，提供进一步的服务。

2.在线协助模块

在线协助模块可以让当事人明确争议点，减少分歧、合作共赢、达成一致，控制纠纷。该模块中，机器人与协助人员根据规则进行引导，通过当事人交替提交关于他们所持论点的陈述及回应，直到产生一个单一论点，并且这一单一论点被一方肯定而被另一方否定，称为"争议点"。在线协助模块的目的在于确认争议点，尽可能将争议点最小化。

在在线协助模块中，劳动争议的确认和化解"争议点"的功能将通过两种方式进行支持。第一种方式通过劳动争议自动协商平台进行，该平台帮助当事人通过对话程序解决分歧。这种方式的优点在于机器可以随时对当事人的需求进行响应，当事人可以随时随地寻求协商；缺点在于对平台的机器学习和逻辑演算功能要求较高，需要机器对证据、陈述进行逻辑分析，存在一定的难度。第二种方式是整合基层劳动服务站、工会、人民调解委员会等具备调解职能机构的人员在网上为双方当事人提供服务，积极引导双方缩小争议点，对部分或者全部争议达成一致。这种方式的优点是辅助人员可以很好地对当事人的主张和利益进行逻辑分析，发现双方争议点，并灵活利用单方会谈或双方会谈的方式，促进当事人友好沟通，寻求可以满足双方需求的解决方案；缺点是协助人员无法及时响应当事人的诉求，成本较高。

3.在线裁决模块

如果双方当事人对"争议点"无法达成一致，则需要裁决者对"争议点"进行裁决，由此进入在线裁决模块。该模块以结构化为基本特征，为当事人、律师、仲裁员、法官提供了一种新颖有效的方式。该模块由以下内容组成。

一是劳动仲裁模块。仲裁双方通过在线系统同步或异步发表及回应对方意见，仲裁员对双方无争议部分进行确认。对双方有争议部分，作出仲裁裁决。在此阶段，当事人在诉辩环节中的"承认"具有法律的约束力，属于当事人自认的一种，并适用"禁止反言"规则。

二是一键立案模块。劳动争议在线化解机制设计了"一键立案"的功能，当事人如对仲裁裁决不服，选择一键立案，则仲裁中所有的数据都会导入诉讼系统，无须重新填写当事人信息、诉讼请求等诉状内容，也无须专门到法院进行现场立案。在线技术将仲裁与诉讼数据共用共享，实现了仲裁和诉讼的有效衔接。劳动争议在线化解机制可以自动对仲裁文书的主体和内容进行解析，对双方当事人在仲裁阶段的主张进行自动提取与分析，形成当事人的诉求与答辩意见，减少信息的重复录入，提高了纠纷化解的智能化。

三是庭前准备模块。庭前准备模块改变了传统模式中由法官或书记员组织证据交换的做法，由双方当事人通过在线程序，自行对仲裁裁决查明的事实发表意见，已导入的证据无须重复提交。系统通过对当事人双方诉辩的内容进行基本分析，进一步缩小双方的争议点。

四是裁判模块。法官在裁决书的基础上，对"争议点"进行明确，对具体案件事实进行查明和认定，对争议问题作出判决。对于事实清楚争议不大的案件，系统基于前面环节收集的数据，提供文书自动生成功能；对于疑难复杂存在法律适用分歧的案件，系统会进行精确的类案识别和比对，将检索到的类案推送给法官参考。

上述三个模块既独立运行，又相辅相成。在线咨询评估的准确性依赖于对在线裁决结果的不断智能学习，同时又为在线协助调解奠定了基础，减少了盲目进入在线裁决的可能性。在线审判以在线仲裁为基础，可以充分利用仲裁阶段的数据提升审判的效率，同时通过反馈判决结果给仲裁部门的方式提升了仲裁的质量。

（三）保障劳动争议在线化解机制的措施

1.维护"信息技术使用障碍者"的权利

根据中国互联网络信息中心发布的统计报告，截至2023年12月，我国网民规模达10.92亿人，互联网普及率达77.5%。尽管互联网用户占人口的绝大部分，并且随着时间的推移，这个群体将不断扩大，但不可否认仍有极少数群体因文化水平或经济状况等原因无法使用互联网，而这种状况在劳动力市场尤为突出。对于文化水平较低，较少接触互联网的劳动者存在一定的互联网使用障碍，导致劳动者无法平等、充分地使用在线系统参与纠纷化解，对其权利存在一定限制。这部分当事人的权利如何保障，是劳动争议纠纷在线化解机制运行中需要解决的问题。

在构建劳动争议在线化解机制的过程中，需要建立起信息技术辅助服务的专门组织，并安排专门人员为信息化水平低下的人员提供信息指导服务，协助劳动者使用人工智能技术。这些组织可以是社会志愿组织，也可以是政府组织，相关经费支出由政府负担更为合理。在机制设计方面应注重人文关怀，尊重当事人个性差异，关心弱势群体的需求，提供多种选择方式。例如，允许当事人通过人机对话的方式充分表述诉求，获取法律支持；在人口密集的工业区或社区设置集立案、调解、庭审于一体的法庭，方便经济能力有限的劳动者使用在线司法服务。

2.制定特定的在线机制运行规则

在线机制以人工智能技术的大量运用为特色，尽管无须专门设置规则保障系统的中立性，因为机器人本身具有高于人类的中立性，算法可以抑制人类自由裁量，增加一致性并减少偏见，但算法可能产生的算法黑箱、算法歧视等问题会给劳动争议纠纷在线化解机制的权威性和公正性带来挑战。最明显的例子是在线评估环节，机器人会对裁判结果进行预测；在线协商环节，机器人会给当事人提供和解方案；在线裁决环节，机器人自动生成文书。在这些过程中，争议双方只能看到运算结果，但对其中的运算过程一无所知。如果作为算法运行的数据基础出现偏差，或者对于算法的设计开发缺乏有效监管，人工智能技术的运用非但没有提高纠纷化解的公平性，反而会产生新的不公平。

鉴于算法等人工智能技术对纠纷化解的结果有着决定性影响，因而需要出台技术公平规范体系，通过程序设计来保障公平的实现，并借助技术程序的正当性来强化智能决策系统的透明性、可审查性和可解释性。一方面，建立健全监管体系，实现对平台开发单位在算法设计、产品开发和成果应用等的全流程监管；另一方面，建立知情同意、内容限定等机制，在充分告知的基础上，赋予当事人程序选择权。限定运用人工智能技术生成的结论只做参考依据，不做定性判断。

3.重新界定职能部门的角色定位

劳动争议在线化解机制的引入，带来了纠纷化解方式和理念的根本性变革，给相关职能部门的定位提出了新的要求。以法院为例，法院不再作为一个场所存在，而由中立裁判的角色转化为积极的法律服务提供者，包括帮助用户理解、实现权责；协助诉讼当事人管理证据、组织论点；为司法之外的纠纷解决方式提供建议并推动纠纷解决。但是，目前法院角色的定位限于纠纷的解决，对纠纷的预防与控制缺乏关注。

劳动争议在线化解机制作为社会治理格局中的一部分，要朝着"共建共治共享"的方向发展。在共建方面，机制的构建是一项系统工程，涉及基层调解组织、工会、仲裁机构、法院、信访等多个部门，如果没有党委政府的统筹协调，仅靠单个部门的力量是无法完成的。如果缺乏某个部门的参与，治理体系也将不完整。因此，劳动争议在线化解机制要在党委领导、政府主导下多方参与，共同建设。在共治方面，劳动争议在线化解机制包括预防、协商、调解、仲裁、诉讼等多种社会治理方式，这些方式并非简单地聚合在一起，而是存在着紧密结合和协作的关系。在整个体系中，预防是首选的治理方式，诉讼是最后一道防线，中间各种程序递进发展；在相互关系上，预防、协商、调解为裁决服务，减少进入裁决的数量，反过来，裁决为预防、协商、调解提供了标准，提高预防的精准度，保证了协商和调解的公正性。在共享方面，劳动争议在线化解机制要打破纠纷化解各部门的"信息孤岛"和数据壁垒，实现数据的共享和系统的互通；要整合各类解纷资源，打破部门之间的界限，提高资源的利用效率。

综上所述，从纠纷当事人的角度来看，在线化解机制通过大数据、网络信息技术的运用，将在线咨询、评估、协商、调解、仲裁、审判等各种纠纷化解方式集中在一起，由用户根据需求逐层选择化解方式，同时通过人工智能技术为用户进行赋能，解决了劳动争议中双方当事人在法律知识、诉讼能力等方面的不对称，让当事人更容易接近正义。从纠纷化解部门的角度来看，在线化解机制打破了各部门之间的数据壁垒、实现了数据的共建共享、为各部门提供了动态数据视图，有利于掌握纠纷发展的全貌、提升纠纷化解的效率和能力、保障纠纷化解的公平公正。

第四节　和谐劳动关系与劳动保障监察

　　劳动保障监察是劳动保障行政机关根据相关法律对用人单位的劳动保障法规状况的监督及监察，发现及纠正违法行为，对违法行为进行行政处理及处罚的相关行政执法活动。[①]在实践中，提升劳动保障监察活动对提升劳动保障法律、全面贯彻制定相关法律法规，监督监察市场劳动制度、规范劳动关系等相关主体行为的作用，可以对劳动双方的合法权益进行依法维护，对于创设和谐统一的劳动关系有着积极的推动作用。

一、产生劳动保障监察问题的诱导因素

（一）单位负责人缺乏法律意识

　　由于我国市场经济体制构建时间相对较短，缺乏完善的法律法规制度及体系，因此一些中小型单位及个体工商户负责人的思想观念与意识相对较为传统，认为劳动关系的构建并没有受到法律法规的约束，虽然我国相继出台了《中华人民共和国劳动法》《中华人民共和国劳动合同法》《中华人民共和国就业促进法》《中华人民共和国劳动争议调解仲裁法》《劳动保障监察条例》等相关法律法规，但是一些中小型单位及个体工商户负责人对这些法律知识缺乏足够的认知，甚至出现了干扰及破坏法律法规现象的问题，给劳动保障监察工作带来了严重的影响。

（二）劳动保障监察机制相对较为落后

　　一是思想观念的落后。个别地方政府在实践中对经济建设较为重视，而对和谐劳动关系的构建缺乏足够的重视，在其工作的开展过程中经常会出现以牺牲社

---

①　高桃.建立和谐劳动关系中劳动保障监察发挥的作用阐述[J].经贸实践，2017（13）：319.

会保险为代价的方式进行招商引资，这种方式造成单位社会保障活动的被动，给保障监察工作的开展带来了一定的困难，从整体上来说，执法协调机制的构建远远落后于形势的发展需求。

二是"软件硬件"的落后性特征。软件是指现阶段劳动保障的监察人员数量不足的问题，其中个别的工作人员存在素质问题，整体的管理制度有待完善等；硬件就是其设施相对较为陈旧，办案经费相对较为匮乏，这在一定程度上直接制约了劳动保障工作的有效开展。

三是劳动者缺乏一定的维权意识。大多数的劳动者因为自身文化因素等原因，在其自身的利益受到侵害时，不知道如何维护自身的合法权益，这一点在社会工作竞争日益激烈的背景下更为突出，大多数劳动者认为工作获得相对较难，因此面对工作中不合理的要求常保持沉默，如默认用人单位不签订劳动合同、不缴纳社会保险、收取抵押金、延长工作时间或者增加其实际的劳动强度等问题，这种状况在实践中严重侵害了劳动者自身的合法权益。

二、凸显劳动保障监察作用，建立和谐劳动的相关策略

在现阶段的发展中，我国的劳动保障监察工作整体水平及层次相对较低，因此在实践中推动基于民生为主要内容的社会主义建设，规范及协调其内在的劳动关系，维护劳动者合法权益是现阶段的重点问题。

（一）开展各种普法宣传，提高用人单位以及广大劳动者的法律意识

用人单位既是劳动关系的主体，也是构建和谐劳动关系的重要基础，在实践中自主遵守相关法律，维护劳动者自身的合法权益是单位发展的主要责任。对此在实践中要通过各种法人培训班、座谈会等方式，加强用人单位对劳动保障法律及法规的理解与重视，有效地维护工作人员自身的合法权益；同时提升对劳动者自身维权意识及专业能力的重视，除此之外，还要通过各种报刊、电视及网络的方式加强宣传，提升社会对劳动保障监察管理工作的正确认知，营造一个自然、和谐的劳动关系。

（二）强化现有劳动保障监察手段，推动监察管理的权利及力度

在社会稳定发展的过程中，劳动人员的合法利益受到侵害或者无法保障时，国家的监察执法部门要以相关法律规定为主要依据，充分发挥其自身的作用维护劳动者的合法权益。综合劳动监察及执法过程中存在的主要问题，基于相关规定，赋予劳动监察部门相关职权，从根本上改变劳动监察执法困难等问题。

（三）加强组织机构建设，建立完善的监督执法体系

劳动保障监察工作可以有效维护人民群众的合法权益，因此在实践中要提升对此项工作的重视，构建一批作风正派、思想素质过硬、专业性相对较强、执法较为严格、具有较高素质能力的执法队伍；在实践中可以通过重点培训、专题学习、经验交流及相关案件分析的方式加强对劳动保障监察人员的教育及管理，从根本上提高劳动保障监察人员的综合素质和能力。

第六章　人力资源社会保障服务工作的实践研究

　　人力资源社会保障服务是社会发展的重要支撑。本章探讨如何通过优化公共信息管理服务、加强基层服务平台建设及推动产业转型升级，更好地服务于社会和广大劳动者。

第一节　人力资源社会保障服务促进社会发展

　　近年来，虽然我国的经济不断发展，但人才短缺、就业压力大等问题依然存在，人力资源社会的实现面临更多挑战。要想建设和谐社会，充分利用好丰富的人力资源，首先就要做好社会保障工作，通过人力资源的优势，加快转变经济发展方式，推动社会的可持续发展。

一、对人力资源社会的认识

　　我国是世界人口大国，也是人力资源非常丰富的国家，随着教育的普及，我国在人口素质方面有了很大的提升，但随着经济的发展，就业压力大、社会保障不完善等问题，都对人力资源的发展提出了挑战。

（一）人力资源社会的基本内容

　　要想促进经济又好又快的发展，就要有优秀的人才引领和完善的社会保障机制。人力资源和社会保障部门责任重大，不仅要在方针政策上推动和解放生产力，还要妥善处理好国家人力资源和社会保障等相关事宜。人力资源和社会保障部门为了更好地承担责任，就要坚持以人为本的理念，不断解决人民的就业等问题，构建良好的社会保障环境，使人才放心工作，维护社会稳定，在促进国民经济发展中发挥积极的作用。

（二）人力资源发展面临的挑战及措施

在国际竞争日益激烈，国内各项改革不断深化的环境下，我国人力资源发展面临诸多挑战。首先，面临人才短缺的情况，可以加强与高校、科研机构的联系，大力引进高层次人才；根据地区实际情况，可以打破"一考定性"，本着"公平、公正、公开"的原则，为人才的成长与发展提供良好的社会环境，在全社会形成尊重、爱护人才的氛围。其次，面临就业压力大的问题，要加大就业服务，下决心解决就业结构的矛盾。采取转变经济发展方式，调整产业结构，以项目建设带动就业和支持劳动者多渠道就业等措施提高就业水平，保护好劳动者的合法权益，改善就业压力大的现状。

二、社会保障服务工作的开展

（一）社会保障服务工作的成就

社会保障的基本含义是保障人民的生活，调节社会分配。党的十八届三中全会明确提出要深入完善社会保障体系，对基本的养老、医疗、生育、就业等社会保障工作做了具体的规划。目前，已经在城乡建立起了全面的基本养老保险制度，在单位职工之间逐步建立基本养老保险制度，正在建设多层次的养老保险制度；同时，其他的社会保障制度也在逐步建立，并且相互之间形成体系。各项制度的覆盖从城市到农村、从在职职工到退休职工，有上亿人享受着社会保障体系，并且范围不断扩大。而养老金、退休金等基本社会保障扶助资金的不断上调，也意味着社会保障待遇的水平在稳步提高。在单位和个人缴费的同时，政府在这些方面的投入力度也不断加大，保障基金的规模增大有利于支撑城乡社保体系。各级政府在地方都设有服务站，管理服务更加规范、专业，服务水平也不断提升。

（二）社会保障工作中存在的问题

虽然社会保障制度初具成效，但我们也要意识到在这个制度建设的过程中相对存在的一些问题。首先，我国的社会保障体系的推广采取的是从城市到农村，自愿参加的方式，在覆盖面上还不够广泛，如在一些偏远山区和非公有制经济的员工及高风险行业等领域还未覆盖社会保障体系。其次，我国正处于加速城市化进程中，跨地区的流动性人口大，尤其是进城务工人员，进城务工人员在流入地面对突发情况、临时性困难时，不能得到及时保障。这显示出社会保障管理体制在流动性上的适应程度还不够。最后，社会保障制度主要由单位或个人缴纳一部分费用，国家财政给予另一部分费用。人口老龄化成为社会发展的主要现状，养老人员的增多意味着养老抚养金的投入加大。目前，职工退休年龄和基本养老金的领取门槛偏低，长时间的多缴纳就有多收获的机制还不健全。因此，相当一部分的参保人员积极性不高，或选择缴纳档次较低。社会保障资金的筹集渠道比较狭窄，限制了社会保障财政基金的来源。并且养老保险的调整机制没有建立，不利于制度的良性循环和社会保障体系的可持续发展。

（三）社会保障制度的发展方向

社会保障制度关系着改革发展的全局，所以要重点安排好社会保障工作。首先，要服从大政方针，按照党的十八大提出的要求，确实落实好工作，加快形成覆盖全民的社会保障体系。其次，在具体的实践工作中，在巩固现有成果的基础上，重点推行全民参保登记计划，加快实现覆盖城乡居民的社会保障体系的目标。最后，在养老保险的制度改革上，根据中央的部署，从制度和机制上化解"双轨制"的矛盾。

（四）社会保障工作对社会发展带来的影响

衡量一个国家社会经济发展水平和人民幸福指数的重要指标之一就是社会保障体系的发展水平，这意味着一个国家的社会保障水平越高，这个国家人民的幸福指数越高、经济发展的优势越大。同时，完善的社会保障制度既是促进社会稳定的"稳定器"，也是促进社会公平的"调节器"，还是推动社会经济发展的"推动器"，为全面建成小康社会提供了强有力的支撑。

面对如此重任，我们更应该深入推进社会保障体系的可持续性发展，根据我国的实际情况，切实为人民办实事、办好事。

第二节　人力资源社会保障公共信息管理服务

人力资源在现代社会发展中起着重要的作用。近年来，全国各地都在积极探索如何通过信息化、规范化、标准化的手段提升公共服务能力，这些实践为人力资源公共服务化工作的开展提供了有效的参考和支持。我们应持续完善人力资源公共信息服务，加大对人力资源的开发利用，不断提高人力资源公共信息服务水平。

一、人力资源公共信息服务存在的问题

第一，对人力资源公共信息服务缺乏正确的认识。长期以来，人力资源公共信息服务工作主要是靠行政力量"自上而下"来推动，人们对于人力资源公共信息服务工作的理解仍然较为片面，还停留在传统的人力资源调整与分配上，不重视公共信息服务，以致许多人力资源信息得不到共享，人力资源得不到有效的开发利用。

第二，服务体系不完善。目前，人力资源工作在国民经济发展中发挥越来越重要的作用，各地政府也在积极响应国家号召，全力开展人力资源工作。但是，由于社会经济发展越来越快，人力资源服务领域的业务范围也在不断拓宽，但公共服务尚未建立起完善的服务体系，以致在实际工作中对公共服务还缺乏一定的扩展和应用。人力资源服务标准发展缓慢，业务功能不健全，没有全面涉及就业、人才招聘、职称评审、仲裁等领域，无法满足人才服务发展的步伐。

第三，专业的人才不足。人力资源公共信息服务涉及社会保险、就业创业、人事考试、人才引进、劳动监察、招聘等内容，覆盖范围非常广，对人力资源公共信息服务人才的要求非常高。但是就目前来看，各地现有的工作人员的能

力水平还有待提高，他们的工作经验不足，无法根据实际情况来开展人力资源服务工作，一定程度上阻碍了人力资源的开发利用。

二、完善人力资源公共信息服务的对策

（一）树立正确的人力资源公共信息服务理念

人力资源公共信息服务是现代社会非常重要的一项服务，它旨在为人才和用人单位提供全面的、专业的服务，以促进人力资源的合理配置和有效利用。随着社会经济的不断发展，人力资源公共信息服务的作用越来越突出，已经成为推动社会经济发展的重要力量。

首先，人才是社会发展的核心保障。在当今竞争激烈的市场环境下，人才的竞争成为单位竞争的关键。因此，人力资源公共信息服务应当充分认识到人才的重要性，积极为人才提供全方位的服务，包括招聘、培训、职业规划、薪酬福利等，以吸引和留住优秀的人才。同时，人力资源公共信息服务还要注重人才培养，提高人才的素质和能力，以满足单位的需求。

其次，人力资源公共信息服务应当积极参与社会经济的发展。社会经济的发展需要各种类型的人才，而人力资源公共信息服务可以为这些人才提供相应的服务，促进人才的合理流动和有效利用。同时，人力资源公共信息服务还可以通过市场调查、数据分析等方式，为政府和单位提供决策依据，推动经济的发展。

最后，人力资源公共信息服务应当树立全心全意为人才、为用人单位服务的理念。在服务过程中，要注重细节，关注客户需求，以客户为中心，提供个性化的服务。同时，还要加强内部管理，提高服务效率和质量，以满足客户的需求。

（二）健全人力资源公共信息服务体系

人力资源公共信息服务工作是促进社会经济发展的重要手段，而标准、完善的服务体系是该工作有效开展的基石。为了确保人力资源公共信息服务的有效性，政府部门需要采取一系列措施来建立健全服务体系。

首先，政府部门应当密切关注市场对人力资源公共信息服务的需求变化，制定详细的工作规划。相关部门要明确工作目标，形成切实可行的工作方案，从而构建起标准化的人力资源公共信息服务体系。通过标准化体系的建设，确保各项

工作有序开展，提高服务效率和质量。

其次，政府部门建立完善的服务标准体系至关重要。这个标准体系应该包括基础标准、服务保障标准和服务提供标准等。基础标准是整个服务体系的基础框架，包括服务范围、服务流程、服务要求等方面的规定；服务保障标准涉及服务质量、服务安全等方面的要求；服务提供标准则针对服务提供者、服务内容等方面进行规范。

再次，政府部门应当加大执行力度，确保各项标准得到有效落实。这要求政府部门加强对服务提供者的培训和指导，确保他们能够全面理解和执行服务标准。同时，政府部门还应该建立健全监督机制，对服务提供者进行定期或不定期的检查和评估，确保服务质量的稳定性和可靠性。

最后，政府部门应当拓宽渠道，广泛听取民众和社会的意见与建议。通过与利益相关方的沟通与协商，可以更好地了解他们的需求和期望，不断完善和优化服务体系。

（三）加大对专业人才的培养力度

人才是人力资源公共信息服务工作的核心，只有具备高素质、专业能力的工作人员，才能为人才和用人单位提供优质的服务，使人力资源得到有效的利用与开发。因此，注重专业人才的培养是推动人力资源公共信息服务工作发展的关键。

首先，政府应当与专业的教育机构建立紧密的合作关系，共同培养具备高素质、专业能力的人才。通过与专业的教育机构合作，从中引进理论扎实、素质过硬的人才，并对其进行专业培训，使其更好地适应人力资源公共信息服务工作的需要。此外，政府可以通过设立奖学金、提供实习机会等方式，吸引更多的优秀人才加入到人力资源公共信息服务工作中来。

其次，政府应当加强对现有工作人员的培训。通过定期组织专业培训、参加学术交流、参观考察等方式，提高工作人员的业务素养和服务精神。同时，政府还应当鼓励工作人员不断学习新知识、新技能，提高自身的综合素质和能力水平。只有这样，才能更好地服务人才和用人单位，推动人力资源公共信息服务工作的可持续发展。

（四）积极完善人力资源管理机制

完善人力资源管理机制是推动人力资源公共信息服务工作发展的重要保障。

首先，建立市场化的人力资源管理机制。强化市场在人力资源管理中的作用，通过市场机制实现人力资源的有效配置。政府部门应当加强与市场机构的合作，共同推动市场化机制的建立和完善，从而更好地服务人才和用人单位。

其次，建立人力资源公共信息服务反馈机制。政府部门应当扩展信息反馈渠道，通过多种途径全面了解人力资源公共信息服务工作的实际情况。通过收集和分析反馈信息，发现工作中存在的问题和不足，从而制定科学的规划，进一步提高服务质量和效率。

再次，完善人力培训激励和约束机制。政府部门应当将培训、考核、晋升、奖励等有机结合起来，形成完善的激励机制。通过科学的考核评价机制，对优秀的人才给予适当的奖励和晋升机会，激发他们的工作积极性和创造力。同时，还应当建立相应的约束机制，规范工作人员的行为，确保服务工作的规范性和有效性。

最后，建立高效、权威的统筹协调机制。政府部门应当设立专门的部门负责人力资源公共信息服务中的协调工作，确保各部门之间的顺畅沟通和协作。通过建立高效、权威的统筹协调机制，可以避免资源浪费和重复工作的情况，提高服务工作的整体效能。

综上所述，做好人力资源公共信息服务工作，有助于人力资源的开发利用，更好地推动社会经济发展。作为人力资源部门，也要深刻认识人力资源工作，结合实际，不断完善人力资源公共信息服务工作机制，建立相应的标准化体系，加大专业人才的培养力度，为人力资源公共信息服务工作的开展提供支持。

第三节　基层人力资源和社会保障服务平台建设

随着我国社会的不断发展与进步，提高政府的公共服务水平是现阶段的重要工作，公共服务建设成为不断推进政府强化改革的核心，其中加强基层人力资源和社会保障服务平台建设是政府公共服务的重点建设内容。政府要对其进行积极探索，加大基层人力资源建设与社会保障服务平台建设的推进力度。

一、基层人力资源和社会保障服务平台建设的重要性

（一）构建社会主义和谐社会的需要

加强基层人力资源和社会保障公共服务平台建设是构建社会主义和谐社会的需要。现阶段，随着我国社会经济的不断发展与进步，人力资源社会保障服务项目也会越来越多，其工作人员的任务也越来越重，因此，要不断促进我国和谐社会的发展，就必须建设好基层人力资源和社会保障服务平台。服务平台的建设可以提高人民群众的生活质量，对建设社会主义和谐社会有一定的促进作用。

（二）建设服务型政府的需要

建设服务型政府是为了满足人民群众对现阶段社会的需求、是国家进行发展建设的需求、是社会能够稳定发展的需求。建设服务型社会就是做到以人为本，一切事情都以人民群众为出发点，始终把人民群众的利益放在第一位，始终坚持人民群众无小事的理念，政府要对人民群众的需求做出及时有效的回应，通过人民群众的实际情况，不断摸索解决人民需求的有效方法，在最大限度上满足人民群众的需求，加强政府与人民群众之间的沟通渠道。我国政府需要加强基层人力资源和社会保障服务平台的建设，最大限度地做到为人民群众服务。基层人力资源和社会保障服务平台建设可以使政府与人民群众加强联系，更便于加强政府对群众服务，也能切实体现政府为人民服务的宗旨，使政府在第一时间了解民生问

题并及时解决。

二、基层人力资源和社会保障服务平台建设存在的问题

一是人员管理方面。人力资源和社会保障的工作人员大部分身兼数职，很多问题得不到及时有效的处理与解决。大部分工作人员在处理问题时，还承担别的工作任务，甚至一人兼数职，工作人员的工作任务繁重，既不能做到专职处理相关问题，也不能准确有效地解决其他问题，非常不利于基层人力资源和社会保障服务平台建设。

二是工作经费方面。经费是基层人力资源和社会保障服务平台建设的基础，对基层人力资源和社会保障服务平台建设有着重要的作用。在乡镇单位开展工作时，不仅需要上级的支持与赞同，还需要资金来开展相关项目，并做好项目预算，以便有效地推动社会民生事业的持续发展。但现实情况是很多地区由于工作经费方面的问题大大降低了公共服务平台的建设进度，很大程度上影响了公共服务部门工作的开展，基层人力资源和社会保障服务平台体系建设滞后。

三是人员素质方面。工作人员的素质在基层人力资源和社会保障服务平台建设中有着不可替代的作用。基层人力资源和社会保障服务平台建设涉及的范围非常广泛，并且政策性比较强，内容比较丰富，和人们的现实生活有着密切的联系。要不断加强基层人力资源和社会保障服务平台建设，工作人员的素质直接影响政府部门业务的开展，因此政府要加强对工作人员素质的培养。此外，工作人员经验不足、业务水平差等因素，也会对基层人力资源和社会保障服务平台建设起到阻碍作用。

三、基层人力资源和社会保障服务平台建设的加强措施

对基层人力资源和社会保障服务平台建设来说，要明确服务体制，不断提高社会保障公共服务的水平。我国政府应该加大对网络信息平台的建设，优化服务品质。政府部门不仅要不断加强对信息网络设备的完善，还要加强对相应软件设备的完善。例如，在基层人力资源和社会保障服务平台具体建设中，要把相应的基层人力资源和社会保障服务平台中出现的信息上传网络，开展网上业务，从而实现有效的资源共享，在人民群众遇到问题时，就可以第一时间在网上反映出

来，使政府部门更好地为人民群众服务。除此之外，进一步推进网络建设，有利于提高工作人员的工作效率，确保工作人员在最短时间内解决人民群众的问题。

加强基层人力资源和社会保障服务平台建设，是需要长期具体实施的一项工作。因此，我国政府应该切实认识到基层人力资源与社会保障服务平台建设完善的重要性，不断促进网络建设的发展，最大限度地优化政府工作人员的服务品质，促进社会的和谐稳定发展。

第四节　人力资源社会保障服务产业转型升级

产业转型升级是经济发展过程中必经的"阵痛"。人力资源社会保障具有经济社会工作双重属性，必须从维护改革发展的稳定大局出发，积极与单位同担当、共进退。

一、人力资源社会保障服务产业转型升级的基本逻辑

第一，健全组织是保障。在人力资源社会保障服务产业转型升级中，单位分流富余职工时间紧、任务重。人力资源社会保障职能部门对此必须高度重视，及时建立专门机构进行安排部署，切实协调解决工作中遇到的困难和问题，同时积极寻求上级有关部门的支持，充分发挥社会各界力量共同服务于产业转型升级。

第二，提前谋划是基础。人力资源社会保障服务产业转型升级是一项系统工程，各阶段、各环节的工作既环环相扣又紧密相连。人力资源社会保障职能部门必须提前与单位联系，全面了解相关情况，共同研究分析面临的就业援助、失业保险金发放、社保关系转接等问题，逐一制定解决方案并抓好落实，为高效完成产业转型升级服务工作奠定坚实基础。

第三，正面引导是关键。人力资源社会保障服务产业转型升级是经济发展的必然趋势，单位分流富余职工在所难免，因而争取单位和分流职工的理解支持十分重要。人力资源社会保障职能部门必须发挥好杠杆调节作用，在服务单位的同

时兼顾被分流职工的利益，重点就特殊工种提前退休、失业保险金领取、就业创业优惠等政策加强宣讲，积极营造有利于产业转型升级的良好氛围。

第四，主动服务是根本。人力资源社会保障服务产业转型升级涉及单位及员工双方的利益。人力资源社会保障职能部门必须结合实际，认真履职、主动对接，及时解决工作中的矛盾和困难，特别是要主动到厂区现场办公，高效便捷、热情周到地为分流职工做好就业援助、社保关系转接、失业保险金发放等服务，多做安人心、暖人心、稳人心的工作。

二、人力资源社会保障服务产业转型升级效率的提升

人力资源社会保障服务产业转型升级，既关乎经济发展和社会稳定，又关乎劳动者的就业社保权益，是新时期人力资源社会保障服务领域面临的新任务。调研认为，提升人力资源社会保障服务产业转型升级效率，需要认真做好"三篇文章"。

（一）积极完善就业培训体系，提升就业竞争力

一是创新职业培训模式。引导城乡劳动者根据个人兴趣自主择校参加技能培训，通过激发他们的培训积极性不断提高培训质量；推动职业培训与充分就业有机结合，实行培训补贴与培训就业挂钩，切实提高培训后的就业率。

二是学用结合、市场配置。结合产业经济发展需求开展"订单式"培训，着力构建政府主导、校企对接、资源共享、互利共赢的就业培训长效机制。

三是构建劳动者终身培训体系。大力实施就业技能培训和岗位技能提升培训计划，鼓励单位通过校企合作和带徒传技等方式，广泛开展技能提升培训和高技能人才培训。

（二）不断加大创业扶持力度，实现就业倍增效应

一是强化创业孵化园建设。积极整合工商、税务、人社等部门和专家学者资源，组建"一条龙"创业服务机构，结合区域经济特色打造满足创新创业需求的各类创业孵化园，为初创单位提供创业场所，兑现扶持政策。

二是加强创业金融扶持。设立政府创业扶持基金，加大创业补贴力度，引

导银行、担保单位、贷款单位等社会资金支持创新创业，为创业者解决启动资金难题。

三是推动大众创业。一方面，开展创业教育，通过各类培训提升创业意识和能力，鼓励创新思维；另一方面，举办创业活动，为创业者提供交流平台，发掘优秀项目和团队。

（三）有效加强就业公共服务，扩大就业覆盖面

一是深化公共就业服务项目向基层平台延伸。大力推进"人居为主、画地为格、责任到人"的单元管理模式，提高公共就业服务的针对性。

二是加强与单位之间的互动。建立健全空岗报备制度，认真开展求职登记、岗位推荐等服务，通过市场调节扩大就业服务覆盖面。

三是做好就业困难人员的再就业服务。将就业困难人员纳入台账进行动态管理，提供跟踪服务，通过鼓励用人单位吸纳就业困难人员、大力开发公益性岗位、加强就业援助基地建设等托底安置政策，促进就业困难人员就近实现就业。

结束语

在当今快速变化的市场环境中，人力资源管理不仅关乎单位的成败，更与社会发展息息相关。各单位需要通过有效的人力资源管理来应对挑战，而和谐稳定的劳动关系更是社会进步的基石。

本书旨在提供一套全面、实用的人力资源管理指南，帮助单位在激烈的市场竞争中立于不败之地，同时构建和谐的社会环境。希望每位读者都能从中受益，为个人和组织的发展提供有力的支持。

在未来的道路上，我们相信人力资源管理将继续发挥不可替代的作用，为社会的繁荣和进步贡献力量。愿每位人力资源管理者都能与时俱进、不断创新，为单位和社会创造更大的价值。

参考文献

一、著作类

[1]蔡东宏.人力资源管理[M].西安：西安交通大学出版社，2014.

[2]陈树文，乔坤.人力资源管理[M].北京：清华大学出版社，2010.

[3]陈锡萍，梁建业，吴昭贤.人力资源管理实务[M].北京：中国商务出版社，2019.

[4]龚一萍，周凌霄.人力资源管理（修订版）[M].武汉：武汉大学出版社，2017.

[5]贺小刚，刘丽君.人力资源管理[M].上海：上海财经大学出版社，2015.

[6]黄任民.劳动关系与社会保障实务[M].北京：中央广播电视大学出版社，2013.

[7]景天魁. 底线公平：和谐社会的基础[M].北京：北京师范大学出版社，2009.

[8]倪星，谢志平.公共部门人力资源管理[M].2版.大连：东北财经大学出版社，2015.

[9]彭剑锋.人力资源管理概论[M].上海：复旦大学出版社，2011.

[10]尚珂，左春玲.劳动关系管理[M].北京：中国发展出版社，2011.

[11]宋源.人力资源管理[M].上海：上海社会科学院出版社，2017.

[12]唐志红.公共部门人力资源管理[M].成都：西南交通大学出版社，2017.

[13]夏兆敢.人力资源管理[M].上海：上海财经大学出版社，2011.

[14]张彩霞，梁远帆，杨安宁.人力资源管理[M].长沙：湖南师范大学出版社，2015.

[15]张永华，苏静.人力资源管理[M].西安：西北工业大学出版社，2017.

二、期刊类

[1]毕天云.建设立体化的多层次社会保障体系[J].学术探索，2023（4）：121-127.

[2]陈晨.新时代构建和谐劳动关系的思考[J].四川劳动保障，2023（6）：42-43.

[3]陈建军.劳动保障监察与劳动争议仲裁的衔接思路分析[J].四川劳动保障，2023（7）：13-14.

[4]高婧依.薪酬管理体系的设计与有效导入策略研究[J].中国管理信息化，2015，18（12）：103.

[5]高桃.建立和谐劳动关系中劳动保障监察发挥的作用阐述[J].经贸实践，2017（13）：319.

[6]葛之蕤.我国劳动保障监察执法的困境与对策探析[J].合肥师范学院学报，2023，41（4）：44-48.

[7]侯云川.基层人力资源社会保障公共服务平台建设研究[J].中国集体经济，2022（13）：125-127.

[8]李正园.关于劳动保障监察和劳动争议仲裁的路径选择思考[J].中国人力资源社会保障，2023（9）：34-35.

[9]梁俊霞.人力资源社会保障服务工作对社会发展的影响探析[J].科技与企业，2016（9）：57.

[10]廖永安，江和平.劳动争议化解机制的现实困境与优化路径[J].湘潭大学学报（哲学社会科学版），2023，47（1）：58-64.

[11]马祥丹.战略性薪酬管理及其体系设计分析[J].商讯，2021（1）：181-182.

[12]潘旭.绩效考核与薪酬管理体系的优化策略分析[J].经济师，2022（11）：279-280.

[13]孙文文.如何有效构建和谐劳动关系[J].人力资源，2022（14）：81-83.

[14]王丽.高质量构建和谐劳动关系的思考和建议[J].城市公共交通，2020

（6）：26-28.

[15]杨明均.人力资源社会保障服务产业转型升级的实践与思考[J].四川劳动保障，2015（9）：39-42.

[16]郑子萍.基层人力资源社会保障服务平台建设探究[J].人才资源开发，2019（8）：32-33.

[17]周龙.试论人力资源社会保障公共信息服务的问题与对策[J].现代经济信息，2019（23）：104.

[18]周素芹.人力资源社会保障公共服务标准化建设问题及对策[J].人才资源开发，2015（14）：79-80.